想起蹉跎了的岁月，才觉得，怎么会这么幼稚可笑，一点都不明白开放、妥协、灰度呢？

——华为创始人　任正非

在腾讯内部的产品开发和运营过程中，有一个词一直被反复提及，那就是"灰度"。

——腾讯创始人　马化腾

无论是"改良主义"的创新原则，还是"先僵化，后优化，再固化"的变革路线，它们在本质上都是要保持一种创新和变革的灰度状态——这种灰度体现在空间维度上，就是要在创新中维持稳定，在稳定中谋求创新，在稳定和创新之间保持平衡。

——中国人民大学教授、博士生导师　彭剑锋

灰度思维就是在不了解事物全貌、内在逻辑、发展轨迹的前提下，在对信息的掌握不是很全面的基础上，在了解和认知过程的不同阶段，不简单、盲目地分对错、下结论，而是本着推动事物往有利方向发展的原则，边发展边完善解决方案和推动方法。

——新浪财经意见领袖专栏作家　施辉

灰度管理法

钮勤章◎著

成都时代出版社
CHENGDU TIMES PRESS

图书在版编目（CIP）数据

灰度管理法 / 钮勤章著 . -- 成都 : 成都时代出版社，2024. 5
ISBN 978-7-5464-3304-2

Ⅰ . ①灰… Ⅱ . ①钮… Ⅲ . ①企业管理—经验—中国 Ⅳ . ① F279.23

中国国家版本馆 CIP 数据核字 (2023) 第 192152 号

灰度管理法

HUIDU GUANLIFA

钮勤章　著

出 品 人	达　海
责任编辑	周小彦
责任校对	李　林
责任印制	黄　鑫　曾译乐
封面设计	韩庆熙
版式设计	范　磊
出版发行	成都时代出版社
电　　话	（028）86785923（编辑部）
	（028）86615250（发行部）
印　　刷	三河市宏顺兴印刷有限公司
规　　格	165mm×235mm
印　　张	13
字　　数	150 千字
版　　次	2024 年 5 月第 1 版
印　　次	2024 年 5 月第 1 次印刷
印　　数	1-20000
书　　号	ISBN 978-7-5464-3304-2
定　　价	68.00 元

灰度的世界 管理的经典 企业的未来

从一种色彩的见识与品鉴，到一种管理模式的建树，只有灰度管理！

中国文化的基因，有着天人感应的传统。从自然的一种色彩，到文化领域的管理思想，中国企业家把取譬自然的传统用得恰到好处。

是的，自然绝大部分是灰色的，从黑到白，或者从白到黑，广阔的中间地带即为灰度！灰度的广阔，给文化的隐喻带来无限的想象空间，为一种创新意义的管理思想的诞生提供了丰沛的内容与恢宏的外延延展。

灰度不像黑白那么张扬，那么鲜明；一直是低调与内敛的，更朦胧，可比黑白更隐晦，更包容，更具内在的力量。

灰度折射出来的精神的力量，在现实中大行其道。妥协、开放、包容以及自我的批判，把灰度的价值推向更高的境界。

灰度所展示出来的对未来不确定性的认知，才是新生事物的初始状态；灰度是把握机会的关键点，灰度思想是一种相对的思想，而不是绝对的思想。

灰度是黏合剂，粘连投资人、管理者、员工的思想，并且能够求同存异，促进所有的力量向着同样的方向同频共振。

古往今来，百家争鸣，各路英豪，各自言说；老子的无为，强调回归自然；孔子的中庸，强调不走极端；黑格尔的矛盾论，强调事物在冲突中共存；马克思的剩余价值论，揭示了资本运作的秘密……

管理学大师彼得·德鲁特毕生研究所得："管理是一种实践，其本质不在于'知'，而在于'行'；其验证不在于逻辑，而在于结果；其唯一的权威是成就。"而"市场正变得像时装和流行色彩一样难以捉摸，产品更新必须跟上这个'毫秒'时代"，是另一位管理学大师汤姆·彼得斯对市场规律的敏锐捕捉。

凡此种种，都具有灰度，但不等同于灰度。

什么是灰度？黑白之间即为灰。这很容易让人想起八卦图，静止的八卦图是黑白分明的，可一旦旋转起来，就是灰色的八卦图。灰度不是静止的，动态是宇宙的常态。动态的灰度，既不是黑，也不是白；既不是对，也不是错；既不是好，也不是坏，是一种融合体，不走极端。

1

从灰度到灰度管理，有一个人功不可没，这个人就是任正非。

灰度管理理论的产生本身就具有灰度，是开放地接纳了西方的现代管理思想，包容中国传统的管理理念，结合自身企业的发展经验，在实践中运用、积累与沉淀而来。

灰度管理既具备西方现代管理的科学性和严谨性，同时也具有中国传统文化中时移事易的文化内核，是合乎现代中国企业管理特质的一种创造。

有人说，任正非是当今中国最具思想力的企业家之一，他对老子和庄子思想有着深深的感悟，同时又对米歇尔·沃尔德罗普的《复杂》有深深的共鸣。

灰度，既是任正非的世界观，也是他的思维方式，同时也是他的方法论，三者构成了任正非的灰度管理思想。他以此作为认识世界与改造世界的思想工具，并付诸华为的经营管理实践，逐渐形成了颇具个性的管理模式。

任正非自称是一个灰度的人，在他的管理实践中，把灰度演绎到了极致。他的管理理念："一个领导人重要的素质是方向、节奏，他的水平就是合适的灰度。"

从 1987 年以 2 万元起家，到如今触角生长到世界各地，华为从一家追赶型企业变成了行业中的领先者，华为的成就来自任正非灰度的行事作风。

用他自己的话说："即使再好的企业，在周围大环境的影响下，方向也会变得模糊和不能确定，只有随着时间和空间，不断改变方向，合理地掌握合适的灰度，才能从灰色中脱颖而出。"

任正非说，正确方向来自灰度、妥协与宽容。公司将下放部分权力给中层干部，同时弱化规则标准，让管理更加人性化，也更鼓励创新，允许员工多样化存在。

这种灰度企业文化强调模糊、主动与创新，即企业不是给员工一个非常清晰具体的要求，而是为员工提供各种资源、机会和平台，为员工的能力提升、职业发展和收入提升提供各种支持。

也正是如此，灰度管理下的企业，更具包容性和多样性，更利于企业的转型和发展。

任正非有一个很重要的观点：从泥土里爬出来的人是圣人。如果让你在"圣人"和"凡人"之间选一个词来评价任正非，你会如何抉择？你会发现，无论选择哪一个，你的评价都会有失偏颇。

很多时候，真相并不是非黑即白、非对即错的；现实中的人，大多是一个复杂的综合体，用任正非的话说是一个灰度人。

我们习惯追求黑白分明，这是理想的状态；理想可以引领现实，但是取代不了现实。一个理想主义者，他的世界里面临的永远只有黑与白两种选择，意味着凡事都要争出对错。

真正"拎得清"的人知道在界限分明的黑与白之间，还存在着混沌的灰。

因为存在，所以务实。灰度是一种格局。30 岁前可以无所顾忌地愤怒，而 30 岁后就应该理解灰度。懂得灰度，就懂得把握尺度和火候；读懂灰度，就读懂了社会的真相。

企业不产生理论，但是企业家必须有思想。任正非的灰度管理思想是从哪里来的呢？中国人民大学教授吴春波曾经在一篇文章里写了四句话，总结了任正非的认知来源。

其一，读万卷书。读万卷书是一个认知过程。

其二，行万里路。行万里路也是一个认知的过程。

其三，与万人谈。学习别人的长处。

其四，干一件事。做事情要专注，就是集中精力干一件事。

做工作有个法宝："抓两头，带中间。"任何一种情况都有两头，有先进和落后，中间的状态又总是占多数。如果只抓"两头"，"两

头"会被多数孤立起来；如果只带"中间"，随大流，就会缺乏积极分子与工作动力。

所以，管理的高妙在于以极少的代价，取得良好的效果。注重典型或先进的引领作用，以先进带出更多的先进的做法，就是效率，就是价值。

以色彩隐喻，黑与白就是两头，中间就是灰度，"抓两头，带中间"就是运用灰度管理理论的经典实践。

当然，万事皆有度。灰度管理，重点还是看一个"度"字；开放、妥协与宽容以及自我批判等，也需要掌控在一个合适的"度"之内。

这个"度"因人而异，因事而异，因区域而异……

很显然，华为的灰度管理，不是万能钥匙。它需要每一位学习华为与运用华为灰度管理的管理者树立自信，活学活用。其实，这种行为本身就含有灰度。

Contents

|第一章|

在灰度的时空里了解灰度管理的真谛

灰度管理，成为一个人的管理传奇 / 2

给灰度与灰度管理画个像 / 8

灰度管理哲学：玄之又玄，众妙之门 / 11

灰度管理密码：开放、妥协、宽容、自我批判 / 16

|第二章|

灰度管理，领导者必备的管理素养

灰度思维，企业管理的灵动与超越 / 22

灰度决策，为你的领导魅力加分 / 26

灰度激励，企业管理的活力之源 / 31

灰度分配，多层次的激励与差异化的驱动 / 34

|第三章|

灰度是人性的底色，是生命的常青树

灰色，人性的主色调 / 40

管理的灰度，拨动人心深处的一根弦 / 43

管理就是服务，向灰度要品质 / 48

灰度，从混沌到深度 / 52

|第四章|

调配好灰度，发挥识人用人的智慧

灰度，人才的黏合剂 / 58

任用人才，灰度视野的价值取向 / 62

灰度用人的"低重心"与"高薪酬" / 66

马化腾的"灰度法则"

——从马化腾的一封信说起 / 70

|第五章|

客户的重视，灰度管理的价值彰显

灰度洞察：客户需求 / 78

灰度导向：以客户为中心 / 81

灰度运作：在混沌系统里经营客户 / 86

灰度价值：客户的认可是第一生产力 / 90

| 第六章 |

灰度管理的情感效应，管理之道在于管心

宽容与包容，灰度管理的胸怀与格局 / 96

妥协与批判，灰度管理的情感共振 / 100

赞扬与激励，灰度管理的情感冲锋号 / 105

栽花与栽刺，灰度管理的情绪稳定剂 / 112

| 第七章 |

打开灰度透镜，寻找适时适地的办事策略

灰度思维，跳出非黑即白的认知框架 / 118

实战出智慧，华为铁三角的灰度思想 / 122

"事上练"，创造机会展示自己的才华 / 127

慎独，在没有督促的情况下把工作做好 / 132

| 第八章 |

统御有方，以灰度推动目标管理与执行

态度灰度，目标清楚 / 138

决策的黑白，执行的灰度 / 143

在不确定中拿捏好灰度，执行时顺风顺水 / 147

灰度管理的魅力在于执行，立即去做该做的事情 / 151

|第九章|

灰度点燃创新，增强企业后劲

灰度管理，播撒创新的种子 / 156

灰度促创新，创新是企业的发动机 / 159

创新不需要讲面子，不能自我批判的干部要免职 / 162

以积极的心态经营灰度，在转角处遇到成功 / 166

|第十章|

掌握合适的灰度，避开灰度管理的误区

灰度管理取自中庸，但不是中庸之道 / 172

灰度管理需要妥协，但不是没有原则，更不是和稀泥 / 177

灰度管理是实事求是的世界观和方法论，并不是虚无与消极 / 182

灰度管理是一门动态平衡的艺术，但并不是混沌与无序 / 186

参考文献 / 192

第一章
在灰度的时空里了解灰度管理的真谛

灰度管理作为一种管理理论，肇始于任正非的管理实践，惟精惟微。

管理上的灰色，使我们的生命之树在成长中善于自我批判；懂得灰色，才能更好地生存。

开放、妥协、灰度，是华为公司从无到有、从小到大、从弱到强快速发展的秘密武器。

理论是灰色的，实践之树常青。灰度管理思想从实践中来，到实践中去。

灰度管理，成为一个人的管理传奇

2004年，任正非在他的一篇题为《要从必然走向自由——为阿联酋3G工程总结一书写序》的文章中，首次涉及"灰度"这个概念："世界上只有那些善于自我批判的公司才能存活下来。因此，英特尔公司前CEO安迪·格鲁夫的'只有偏执狂才能生存'的观点，还应加上一句话，善于自我批判，懂得灰色，才能生存。"

不过，这里用的是"灰色"一词。

2007年12月，任正非在香港与美国前国务卿奥尔布莱特进行了一次会谈。在这次会谈中，任正非阐述了华为成长和成功的思想逻辑，他第一次将"开放、妥协、灰度"三个词并列在一起，认为这是华为公司从无到有、从小到大、从弱到强快速发展的秘密武器。

这就是灰度运用在管理领域的源头，一般都认为灰度管理的第一个提出者是华为创始人任正非，在他的报告中有关"灰度"的金句迭出：

"任何黑的、白的观点都是容易鼓动人心的，而我们恰恰不需要黑的或白的，我们需要的是灰色的观点。介于黑与白之间的灰度，是十分难掌握的，这就是领导与导师的水平。"

"一个领导人重要的素质是方向、节奏。他的水平就是合适的灰度。"

"管理上的灰色，是我们的生命之树。"

"一个企业的清晰方向，是在混沌中产生的，是从灰色中脱颖而出的，而方向是随时间与空间而变化的，它常常会变得不清晰，并不是非白即黑、非此即彼。合理掌握合适的灰度，是使各种影响发展的要素在一段时间和谐，这种达到和谐的过程叫妥协，这种和谐的结果叫灰度。"

"灰度是常态，黑与白是哲学上的假设，所以我们反对在公司管理上走极端，提倡系统性思维。"

"灰度"，原本是黑白摄影的术语。由于拍摄对象各点颜色及亮度不同，拍出来的黑白照片上的各点呈现不同深度的灰色。灰度有等级之分，照片能呈现的灰度等级越多，画面的层次就越丰富。

任正非把"灰度"引用到管理领域，创立了一套管理理论——"灰度管理法"，应用在华为的经营管理实践中。灰度管理作为一种管理理论，肇始于任正非的管理实践。真正意义的理论是从实践中来，到实践中去；灰度管理理论出现在任正非的思想体系中，非一朝一夕，是

伴随着任正非的管理实践逐渐沉淀出来的。

在《华为公司基本法》的制定过程中,任正非就多次阐述了其灰度的管理思想。任正非在很多演讲中坦诚表达:"我的思想是灰色的。"

知名财经作家孙力科,跟踪研究华为近十年,多次深入采访任正非,在他的专著《任正非传》中这样描述任正非:

一个中国商业史上无法绕开的名字,他被誉为教父级企业家,他重新定义了中国企业家精神。他的创业故事激励着无数企业家搏杀奋斗。他和他缔造的企业一样沉稳低调,历经沉浮坎坷,最终披荆斩棘,登上了个人意志和时代的巅峰。

他早年投身军营,却未上前线杀敌,做的是基建工程兵;改革开放后,军队改制,他转业于国企,却给所在企业造成巨额亏损,最终被除名。时年43岁的他,失业、离婚、负债200万元,没有资本、没有人脉、没有技术、没有市场经验,带着仅有的2万余元钱,在破旧的仓库里成立了华为。然而30年后,当人们提起华为时,它已经是跻身世界五百强之列、年营业额逾800亿美元的超级企业。这期间的艰辛与磨难、绝望与坚持、战斗与拼杀,唯有任正非能切身体悟。

这样巨大成就的取得,没有一个"过硬"的管理思想是不可想象的,略微研究一下华为的生长历程,很快就能找到任正非的灰度管理的思想脉络。

不过，任正非的灰度管理思想不是拍脑袋拍出来的，而是在自己的管理实践中逐渐沉淀与优化出来的。作为企业家，他不断创新自己的管理，倡导 CEO 轮值制度，为了让这个新颖的制度顺利地在华为生根，2011 年 12 月 25 日，他发表了《一江春水向东流——为轮值 CEO 鸣锣开道》讲话。任正非在这篇文章中，回顾了自己从个人英雄主义到相信团结就是力量的心路历程，袒露了他作为创始人的肺腑之言：华为如何面向未来，我们靠什么发展下去？他说："相信华为的惯性，相信接班人的智慧。"

他回忆自己小时候最崇拜大力神和项羽，这种凭借个人力量可以掌控一切的个人英雄主义，成为他学习和效仿的对象。直到后来碰得头破血流，他才感慨万千："想起蹉跎了的岁月，才觉得，怎么会这么幼稚可笑，一点都不明白开放、妥协、灰度呢？"

孙亚芳认为，《一江春水向东流》这篇文章是华为成长的真实缩影，任正非把一生悟得的"道"朴实地告诉接班团队，也期盼接班团队能真正理解这个"道"。这里的"道"很大程度就是任正非的灰度管理思想。

世界是复杂的，可常常被人简化了。

一部分人固化了自己的世界观与思维方式：非黑即白，是黑白两分的两极思维；凡事皆分是非，凡人皆辨好坏，凡物皆判好恶；不管青红，只管皂白。而任正非自称是一个有"灰度"的人。他认为，灰度是

常态，黑与白是哲学上的假设；介于黑与白之间的灰度，是十分难掌握的。虽然他崇尚灰度，但其人格之身并不是灰度的；例如率真、直爽、简单、真实、诚实等鲜明的非灰度性格。任正非很喜欢研究历史。有一种说法，认为任正非的灰度管理思想，是从中国历史上一些失败的变革中总结出来的。

纵观中国历史上的变法，虽然对中国社会进步产生了巨大的影响，但是大多数并没有达到变革者的目的，很多著名的变法都以失败而告终。

为什么会失败？在任正非看来这些失败的变革太激进、太僵化，冲破阻力的方法太苛刻，如果他们用较长的时间来实践，而不是太急迫、太全面，收效也许就会比较好。换句话说，其实就是缺少灰度。

现代意义的管理学不是从中国本土产生的；任正非善于学习，而且心态开放；在借鉴西方的管理理论时，融会中国传统的儒家思想，产生了颇具新意的灰度管理理论；其内核就是要求企业的经营管理者在黑白之间掌握合适的灰度，以妥协、宽容、开放的灰色态度，兼容多方的力量，实现组织内部的最大合力。

用吴春波的话说，任正非的独到之处在于他没有基于自己的性格特点来管理华为，而是基于灰度理论，把作为个体的个人的性格与作为企业领袖的任职资格完美地"灰度"到一起，把自己性格上的缺点与优点完美融合在一起，相得益彰，天衣无缝地形成一套系统的经营管理哲学，灰度管理理论就是其重要组成部分，主要体现在十个方面：

以灰度看人性，良匠无弃材

以灰度看待人才，不拘一格选拔人才

以灰度培养与选拔干部

以灰度洞察未来

以灰度看待企业的治理

以灰度看待企业中的关系

以灰度确定企业的壮大与发展的动力

以灰度把握企业的战略制定与实施

以灰度把握企业管理的节奏

以灰度洞察外部商业环境

　　理论是灰色的，实践之树常青。任正非的可贵之处在于其倡导的灰度管理思想从实践中来，到实践中去！也就是说，其思想来自华为的经营管理实践，并在实践中丰富与提升，又反过来指导华为的经营管理实践，并接受华为经营管理实践的验证。

　　当然，灰度管理理论是否正确

> 所谓"灰度"，是介于黑和白之间的一种状态。世间万物的发展，都不是非黑即白的，其中有广阔的灰色空间。华为的创始人任正非基于此，第一个提出了"灰度管理"的概念。

7

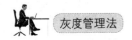

各有各的说法，但任正非以自身的灰度领导力，引领着华为的成长与发展，是一个无可争辩的事实。灰度管理，成就了华为，成为任正非的管理传奇。

给灰度与灰度管理画个像

灰度作为一个科学的概念，也就是所谓的色阶或灰阶，是指亮度的明暗程度，也称中间色调。

灰度一般以数值的方式来表明图像明暗的程度，即黑白图像中点的颜色深度，范围一般从 0 到 255，白色为 255，黑色为 0，故黑白图片也称灰度图像。灰度值指的是单个像素点的亮度，灰度值越大表示越亮。

所谓灰度色，就是指纯白、纯黑两者中的一系列从黑到白的过渡色。灰度色中不包含任何色相，即不存在红色、黄色这样的颜色。

百分比越高颜色越偏黑，百分比越低颜色越偏白。灰度最高相当于最高程度的黑，就是纯黑。灰度最低相当于最低程度的黑，也就是"没有黑"，是纯白。

我们平常所说的黑白照片、黑白电视，实际上都应该称之为灰度照片、灰度电视才确切。

从概念的梳理看来，灰色，是纯白、纯黑两者中的一系列从黑到白的过渡色。

虽然，这个世界五彩缤纷，赤橙黄绿青紫蓝，但还有黑、白和灰。

而灰，是世界的底色。如果以黑色为基准色，则会发现这个世界是灰色的：自然界中的大部分物体平均灰度为18%。

黑中有白，白中有黑，黑不能变成白，白也不能变为黑，但灰融合了黑与白，黑与白融合，就是灰。

灰色不像黑白色那么张扬、那么鲜明。不动声色的灰比黑与白更隐蔽，更内敛，更朦胧，更低调，更富弹性，更具内在的力量。

事实上，灰度，不仅是一个科学的概念，在文化领域也是意义非凡！

中国的太极图形象地揭示了世界二元交融的现象：黑白分明，但又相互兼容。

灰度是一个既不黑也不白的中间地带，灰度认知的意思是我们要用包容、多元化的心态看待、了解这个世界，不偏激，不片面。

> 古语云：水至清则无鱼，人至察则无徒。水太清了，鱼就无法生存；要求别人太严了，就没有伙伴。
>
> 灰度认知的意思是我们要用包容、多元化的心态看待、了解这个世界，不偏激，不片面。

由此，迁延到管理领域，管理的起点是人，而人是一切社会关系的总和，没有一个人是完完全全的黑或完完全全的白。

"灰度"一词，在华为语境中有着重要的地位，是任正非在许多重要讲话中使用的词汇。

"灰度管理"也就逐渐成为任正非的管理符号，成为华为的制胜法宝，成为管理学领域的一个创新。

有学者研究灰度管理，发现了丰富的内涵和管理个性，它的个性就是强调模糊、主动与创新，强调的是开放、宽容与妥协。

现实中，不同性格、不同特长、不同偏好的人能否凝聚在同一企业内，靠的就是管理者的开放、宽容与妥协。当然，妥协并不是完全放弃原则，而是以退为进，通过适当的交换来确保目标的实现。

所以，管理的重点就在于如何寻找到合适的灰度，在遵循企业方向、原则的前提下把控妥协、宽容的一个尺度，通过把握各种影响企业发展的要素，寻求这些要素在一段时间内的和谐。这种达到和谐的过程叫妥协，这种和谐的结果就是灰度。

在任正非的管理字典里，一个领导人重要的素质是方向、节奏，其水平就是合适的灰度，正确方向来自灰度、妥协与宽容。

他要求高层下放部分权利给中层干部，同时弱化规则标准，让管理更加人性化，也更鼓励创新，允许员工多样化的存在。

　　这种灰度企业文化更具包容性和多样性，这样的管理，允许更多的灰度空间存在，更利于企业的转型和发展。

　　商业环境复杂，变化多端，企业的行为及其整个管理过程一定是发生在灰度的情境之下的。

　　管理者需要解决的矛盾，不仅存在于组织内部，也存在于组织外部，甚至组织系统本身。

　　面对复杂多变的环境，灰度、妥协与宽容是不可或缺的，但是需要清晰的原则与明确的方向。

　　在此基础上，抓住灰度管理的核心，即运用灰度理念、方法、策略来解决企业内以及企业间的冲突性关系；并在处理这些冲突性关系的过程中，管理者要有一个明确的目标、原则与底线，而这个目标是围绕着共赢、共识的原则来实现的。

灰度管理哲学：玄之又玄，众妙之门

　　"两者同出，异名同谓；玄之又玄，众妙之门。" 这是《道德经》里的一句难以解读的经典名句，语词背后的思维魅力无边。

　　"两者"说的是"无"和"有"，怎么可能"同谓"呢？这就

"玄"了。而且，玄妙又加上玄妙，更让人琢磨不休。

其实，这是精深奥妙的天地万物及其变化规律由此而出的总门。"道"即出自于此。

真到假处真亦假，假到真时假亦真。真真假假，是是非非，都可以随时转化，对里往往有错，错里往往有对，这也叫灰度哲学。

自然万物，天地玄黄。世界本是五彩缤纷的，但边缘色主要是黑与白，也是因为黑与白的分明，人们习惯以之来分割世界。

实际上，这个世界的主打色彩是灰色。把白色与黑色之间按对数关系分成若干级，称为"灰度等级"。

不确定性下的灰度，既是世界的本质，也是商业运作必须遵循的基本原则。灰度同样也是财富创造的价值体系，灰度也是强大的生产力。

美国陆军四星上将斯坦利·麦克里斯特尔在他的《赋能：打造应对不确定性的敏捷团队》中表明：企业组织已经不只是"复杂"的，而是"错综复杂"的，各个要素都是不确定的，要素之间的作用是非线性的，由此带来的结果是难以预测的。

面对这种错综复杂的关系，这位将军开出的药方是"赋能"，他认为在错综复杂的新生态下，唯有赋能才能在新生态下取得成功。而华为给出的路径是"灰度管理"。

华为前全球招聘负责人冉涛在采访中说："这个世界，没有绝对的对与错，也没有绝对的好人与坏人，是一种中间状态构成了这世间的美，这个中间状态，就被称为灰度。而灰度的本质在于，关注人性、把握人性。"

人性是什么？又如何把握住、把握好？作为管理者，想要把企业管理好，该如何运用灰度，把握人性？每一个问题都玄之又玄。

那么，众妙之门在哪里？

华为创立于 1987 年，是全球领先的 ICT（信息与通信）基础设施和智能终端提供商。目前的华为约有 19.5 万员工，业务遍及 170 多个国家和地区，服务全球 30 多亿人口。

如此骄人的业绩，离不开一个灵魂人物——任正非。

任何成功都是有原因的，华为的今天，任总有着不凡的贡献。不凡之人定有不凡之处。

1987 年 9 月 15 日，43 岁的任正非由于生活所迫，找朋友凑了 2.1 万元在深圳注册成立了华为技术有限公司，成为香港康力公司的 HAX 模拟交换机的代理商。

于是，任正非带领他的华为，开启了从 1 到 n 的历程。经过 30 多年的艰苦奋斗，华为由一个小作坊成长为全球通信技术行业的领导者和世界 500 强前百强企业，业务遍布全球 170 多个国家和地区，创造了世

界企业发展史上的奇迹。

回望这么多年的历程，可圈可点的地方实在太多了。任正非是洞悉人性的高手，他能在恰当的时机做好灰度的分析，把客户的本性看清看透。

譬如，刚刚起步的华为别出心裁地在产品包装盒上印上了两句广告语："到农村去，广阔天地大有作为。""凡购买华为产品，可以无条件退货，退货的客人和购货的客人一样受欢迎。"

"广阔天地大有作为"是"60前"的人都知道的一句口号；而后一句口号是很朴素的客户意识，这个意识后来发展成了"以客户为中心"的核心价值观，这一价值观是指导产品开发和销售的最高法则。

再如，华为初期的发展节奏非常快，1996年年底，华为大约有2500人，有20多亿的年销售额，已经很不错了，可是华为要发展，就得有一支相匹配的团队带领华为跨越更高的台阶。

> 任正非用30年把华为带到通讯行业世界第一的位置，究竟凭什么？其中一个很重要的因素是任正非的灰度管理。

可是，不管怎么精挑细选，也不可能所有的初创人员能力都很强，都能够快速学习达到公司发展的要求。

旧的不去新的不来，不破不立，进入公司比较早，并且有一定

14

的功劳和苦劳的人员势必成为公司发展的阻力。这样的状态，时间久了，就会变成华为发展的天花板。

怎么办？只有捅破这层天花板，华为才有未来。

洞悉人性的高手任正非，唱了一出"杯酒释兵权"：要求所有市场干部交一份述职报告、一份辞职报告，如果辞职报告被批准了就不再是干部。通过这种方式，很多干部"下课"了，同时公司也做了思想工作，大部分下课的干部并没有离职。

其实，这批退下去的干部都很优秀，就是他们跟着任正非开创了早期华为的辉煌；只是，随着形势的发展，需要不断补充新鲜血液，需要干劲更足的团队来开创新局面。

华为的发展离不开必要的灰度管理，很多看起来不近情理，却是在洞悉人性的基础上深刻地把握了情理，一些做法看起来玄妙，其实是触及人性底层逻辑的做法。

灰度哲学是任正非的世界观与方法论，是在两个不同的力量推动下向前发展的。

管理企业，既要从两股力量的源头及其发展来透视事情本身，以求得到一个整体的认识，同时还需要直落根本，从自然而然的本真视角，透视当下的不确定性，去拿捏每个当下的动态平衡点。

在不能明确判断两种对立事物的时候，不要过分纠结是非对错，而是要在两者之间，找到一个平衡点，把双方引入黑白之间的灰色缓冲区，找到双方都能接受的变通方法，促进矛盾的解决以及事物向前发展。

灰度管理哲学的本质，就是时刻怀着开放的心态动态去认知事物，永远做好接纳各种不确定因素的准备。勇于面对不确定因素，均衡—失衡—再均衡，不断重复这个过程，只有善于平衡局面，才是最高境界的管理艺术。

灰度管理密码：开放、妥协、宽容、自我批判

任何理论的建立与理解，都有通道，这个通道也叫路径，姑且称为密码。只要掌握了这个密码，我们就能够畅通无阻，直达理论的内核。

任正非的灰度管理密码集中体现在 2009 年全球市场工作会议上的讲话《开放、妥协与灰度》中："一个领导人重要的素质是方向、节奏。他的水平就是合适的灰度。"

这里的合适的灰度，就是灰度管理的理想的状态，这个状态是动态的，无法确定为一个具体的灰度值，在不同的时空、不一样的对象所表

现出来的样貌是不同的。但是，掌握了灰度管理的密码，理解这些现象也就自然了。

首先是开放，这是灰度管理的前提条件。

世界是平的，没有开放，就不会有多样化的世界。开放的内涵很丰富，但基本要做到的就是人自身的开放与资源的开放。前者是精神，后者是物质，任何一方面保守都不能成为真正意义的开放。

开放之于国家太重要了，当西方现代文明在文艺复兴以后勃然兴起之时，中华文明衰落了。原因很多，其中之一是明清两代不怎么开放，错失了蓝色海洋文明，错失了现代化。

一个公司也是如此，闭门造车，如何造出最先进的车？一个人更是如此，不走出大山看世界，又哪来的世界观呢？不以开放的心态接纳不一样的观念，又哪来的博采众长？

开放不仅仅是某一个人的事情，也是大家的事情，更是做好事业的逻辑起点。开放的环境造就开放的人，开放的人再塑造合适的环境。

灰度管理是尊重事实的管理，需要开放的环境来实施，有了开放的心态，适宜的灰度才能成为可能。

其次是妥协，这既是灰度管理的路径，也是技术手段。

这里所说的路径，即灰度管理的历程中涉及的妥协；没有妥协，遇到卡壳的问题，就没有办法走下去。

我们看世界上几乎所有的河流最后都流向大海，但没有一条河流是

直线流向大海的；这就是妥协的结果。遇到坚硬的岩石，绕一个弯未尝不可，只要认准方向，坚定不移地走下去，路径就不是问题。

同时，灰度管理中，妥协也是处理问题的技术手段，有了适当的妥协，才会有适合的灰度。

这里讲一个故事，才华横溢的苏东坡，年轻时就已学识渊博。一天，苏东坡在书房门上贴了一副对联：识遍天下字，读尽人间书。这副对联自然有些张扬了，恃才傲物是知识分子的通病，同样富有才华的苏洵看到后，并没有责备儿子，当然，也没有不闻不问，而是提笔在对联上各加了两个字：发愤识遍天下字，立志读尽人间书。

这种做法，实际上就是一种妥协，是一种非常好的处理事情的办法。既是委婉的规劝，又是有效的激励；既顾了面子，又解决了问题。

总的说来，灰度是一种折中的智慧，妥协则是一种变通的智慧。客观地讲，灰度与妥协是管理者的必备绝学，一个不懂得在执行中适度变通的管理者，其管理工作是很难顺利展开的。

再次是宽容，这是灰度管理的润滑剂。

宽容是态度，拥有这样态度的人，修养极高。

宽容同时也是一种能力，不宽容是源于能力不足，是源于对未知未来的恐惧，是源于自信的不足。

能够宽容大度，应该是建立在更高的格局和更强大的自信之上；即使退让，也应该是为了大局而暂时放弃争先。

值得一说的是华为的积分制考核，允许员工犯错，扣分不扣钱。

积分制管理中对员工的宽容管理包括：允许员工犯错，员工犯错误扣积分不扣钱，去掉了让员工反感的扣钱，保留了扣分给予警示信号的作用，增加了制度的执行力，很好地解决了员工犯错后的惩戒和警示难题。

宽容是一种坚强。接受，才是和这个世界和平相处的第一步，才能和更多的人成为朋友。

宽容他人，才能给自己机会。这也是为什么孔子在被弟子问到什么智慧是可以奉行终身的时候，脱口而出的是一个"恕"字的原因。

当然，宽容也需要智慧。宽容他人的前提，是能客观承认他人身上的优点和缺点自己身上也有，这其实也是一种省察自身，从他人身上看到自己的影子。

庄子有言：顺人而不失己。意思是说，顺随于众人但不要失却自己的真性。

灰度管理追求的就是"顺人而不失己"，企业里人和人相处顺当，又不失去自己的原则；宽容他人，成就自己。

最后是自我批判，这是灰度管理的动力之源。

世界上只有那些善于自我批判的公司才能存活下来。

华为公司始终强调自我批判，一个企业持续发展的基础是接班人承认公司的核心价值观，并且有自我批判能力，要传承下去的就是自我批

判的能力。

自我批判的过程，就是一个思想上、观念上去糟粕、纳精华，进而不断升华和成长的过程。

灰度管理不是优柔寡断，更不是诡计多端；恰恰是坦诚、坦率。而要做到坦诚、坦率，就要在对问题的本质有深刻认知的基础上进行自我批判。

在进行自我批判时一定要遵循"三讲三不讲"的原则：讲自己，不讲别人；讲主观，不讲客观；讲问题，不讲成绩。

当然，自我批判绝不是为了批判而批判，而是为掘松管理的土壤，让优良的管理理念扎根生长，优化以流程为主导的管理体系和以责任结果为导向的价值评价体系，提高管理效率，最终目标是核心竞争力的提升。

灰度管理需要在自我反省、反思、总结的过程中自我批评，"吾日三省吾身"，用高标准对照检查自己，找出自己的优势和不足，进而发扬优势，消除不足，实现自我超越。

第二章
灰度管理，领导者必备的管理素养

灰度思维，是最接近世界真相的思维模式。

做灰度决策，其核心是相信人类拥有相同的天性，而且人类社会对一些基本问题有着共识。

灰度激励，不是清晰的，也不是模糊的，它介于两者之间，关键是激励人与被激励人的认知是否契合。

华为的分配体系基于人性出发，构建多层次的激励体系，对于不同群体的人进行差异化的驱动。

灰度思维，企业管理的灵动与超越

灰度思维，是最接近世界真相的思维模式。现实中的很多事，不是非黑即白、非对即错的；现实中的很多人，也不是非善即恶、非敌即友的。

其实，事情本身没有对错之分。除了"对"与"错"这两个字以外，世界上再也没有本身就叫作"对"或者"错"的东西了。

如果细心的话，你可能已经看出，字典上这样的解释，其实并没有说清楚，我们究竟是把什么东西叫作"对"，把什么东西叫作"错"的；它只是给了我们一个对与错的同义词而已，怎么就是"正确"，又怎么就是"不正确"呢？

如果我们单纯用"对"和"错"去判断事情，总是有失偏颇的。对和错之间有一块灰色地带，如果某些事情在这块灰色地带里发生，那么处理的方式肯定简单不起来了。

现实中，对与错往往是比较出来的结果。"对"与"错"表达的是我们所要判断的对象与"标准"之间进行比较的结果，"标准"不同，结果也就会不同。

因此，世界上没有哪一件事情是绝对的对，也没有哪一件事情是绝对的错，而是取决于你把它与什么样的"标准"进行比较。

若非得比较的话，就要有标准，这个标准就是度量衡。水满则溢，月满则亏。这是老祖宗留下来的智慧。

太强势不行，太弱势也不行，要在两者之间保持平衡；太自由会变成任性，太善良容易被人欺负，太悲伤会影响身体健康；吃得太多容易消化不良，运动过度肌肉会拉伤。

这就需要把握好其中的"尺度"，远比分清是非对错要重要得多！中国人万事都讲"度"，一个"度"字体现了中国人最大的智慧，浅尝辄止的意思是程度太浅，无法使事物发生根本改变。

南宋词人辛弃疾的词《贺新郎·用前韵再赋》："叹人生，不如意事，十常八九。"宋人方岳的诗："不如意事常八九，可与语人无二三。"（《别子才司令》）。

物极必反，乐极生悲，这又在教导我们：凡事过了那个度，就会朝对立的方向发展。所以才有了急流勇退、凡事只求八分圆的说法。

河流可以百折千回，但终归大海。人也是这样，过程可以迂回，方法可以多样，但结果一定符合潮流趋势。

很多人之所以能成功，不仅在于他们分得清是非黑白，更在于他们懂得什么叫恰如其分、不偏不倚，时刻都能找到那个平衡点。

这个平衡点换种说法就是灰度的最佳的点。当然，找出这个平衡点不是一朝一夕就能完成的，不仅需要智慧，更需要实践的历练。

智慧只是启航，实践的历练则是运用智慧解决问题。懂得用灰度思维处理问题的人，不是智慧不足，恰恰相反，是智慧充足。

《中庸》有言，子曰："人皆曰：'予知。'驱而纳诸罟擭陷阱之中，而莫之知辟也。人皆曰：'予知。'择乎中庸，而不能期月守也。"

用现在的话讲就是，孔子说："人人都说自己有智慧，可是被利益驱使陷入罗网陷阱中去，却不知躲避。人人都说自己有智慧，可是选择了中庸之道，却连一个月的时间也不能坚持。"

实践出真知，优秀的企业家都是从实践中打拼出来的。要运用好灰度思维管理企业，自然是从实践中来，到实践中去。

> 无论怎样艰难，恰到好处、恰如其分、和谐、圆融、圆润、圆满等，都应该成为我们追求的目标，也是大格局的体现。

任正非曾说："一个清晰方向，是在混沌中产生的，是从灰度中脱颖而出的；方向是随时间与空间而变的，它常常又会变得不清晰。"

认识到世界唯一确定的就是不确定性，要敢于面对不确定性。面对生活中突如其来的问题的时候，虽然无法接受，但是可以换个角度看问题。认识问题时，要把员工当人，而不是圣人；处理问题时，宁要模糊的正确，不要清晰的错误；解决问题时，不要在无谓的对错中消耗生命。

灰度管理思维的灵动与超越，还在于要不断地复盘。复盘思维不容易，因为大多数情况下事情做完了，人就不会再关注已经过去的表现；但复盘思维也很简单，在自己指导自己的过程中，这样的反思会更具有针对性。

这里有个关键是换位思考，不要武断地说"我不同意""这是错的"之类的否定句。建议用慢思考和条件句来说明自己的想法。比如使用"在……的条件下，如果发生了……那么……"这样的句式，这样，不仅给自己一个思考的时空，也给对方一个台阶下。灰度思维的终极目标是双赢，不是一方压倒另外一方。

总之，我们要时刻怀着开放的心态，动态地去认知事物，永远做好接纳各种不确定因素的准备。要勇于面对不确定因素，均衡—失衡—再均衡，不断地重复这个过程，善于平衡局面，是最高境界的管理艺术。

灰度决策，为你的领导魅力加分

在管理学中有一个著名的"电车难题"，说的是，假如一辆失控的电车从一条轨道上飞奔过来，电车正在行驶的那条轨道前方有六个人，旁边另一条轨道上也有一个人，这时候你会怎么做呢？

按理说，死一个人总比死六个人强，照这种思路，那就应该让电车开到另一条轨道上去，让六个人得救；但问题是，电车本来就是在那六个人所在的轨道上行驶的，旁边轨道上的那一个人才是真正无辜的人，这时候该怎么抉择呢？

现实世界是复杂的、不确定的、易变的，同样，我们在生活工作中遇到的问题也常常是难以决策的灰度问题，运用以前的解决方案，往往会失效，甚至会起到相反的作用。这也是一个决策难题，如何做？做得怎样？考量着决策者的水准。

世界千变万化，时时刻刻都会出现新的情况。当我们面对问题时，只能靠我们的经验随机处理；时光稍纵即逝，不会给我们静态地处理问题的机会。那么，也一定有办法让这趟电车不伤害任何一个人。

当问题抛出来后，有人换了角度考虑：（1）大声喊叫，让另外轨道上的人逃开，然后再扳道岔。（2）如果附近有障碍物，可以卡住轨道让电车出轨。（3）如果刚好我们是非常准的棒球手，丢石头砸中刹车按钮，虽然概率很低，但值得尝试。

……

不伤害任何人，这就是灰度决策的魅力！

做灰度决策，其核心是相信人类拥有相同的天性，而且人类社会对一些基本问题有着共识。虽然文化会有所差异，但对一些根本性的人性问题是认同的。

这个决策思路，并不是打击我们决策的信心，而是让我们能看到自身存在的弱点。

我们要经常反省自己的决策，避免自大带来的盲目以及其他人性弱点。除了自我反省，还可以培养一个团队来帮助你，能提出和你不同的意见，逼迫自己打开思路，这样才能有效避免决策失误。

我们并不是活在瓶子里，而是活在复杂多样的现实里。现实具有非常复杂的环境，说不定在我们焦虑之时，有些周边的事物就能帮到我们。

正义是一种心灵的力量，虽然我们常常从行为上判断一件事是否不义，但其本质还是为了判断人的心意，所以只要我们自身怀抱共赢的目

标而不断思考与创造新的可能性，那么电车难题一点也不难。

或许，现实中的决策并不一定这么艰难，电脑能够打败杰出的人类棋手，原因之一在于它们能够用绝对无感情的理智来分析每一次行棋。掌握信息与分析信息是关键。

在当下获取信息并不是件难事，难的是如何准确地分析信息。方法当然有很多，我们可以通过画一张思维导图来处理。

第一步：列出所有能解决问题的选项。

第二步：把所有选项带来的后果都写上去，尽量写全。

第三步：理智分析，做出决策。

当然，我们实施时，既要正向思考采取什么方案更合理；也要反向思考，明白自己的底线是什么，什么事情是可以接受的、什么事情是绝对不能接受的。每个决策者的底线不同，决策也就不一样。但不管最终的结果如何，希望我们都能做出一个不后悔的决策。

做灰度决策，就意味着你要体察作为人的基本需求，收集信息、分析和讨论、做出判断是必要的，但并不是说做了就能解决问题。

如果我们每次遇到困境，都先考虑取与舍，那难免在漫长的人生路上把自己的信仰一次次舍弃，最终只是多了一个迷失之人。

我们要思考如何作为人来处理问题，要根据自己的判断做决定。这就是说，应当结合你的认知、感受、想象、生活阅历或者更深层次的想法，考虑是什么真的对工作和生活产生了影响。

检验一个人能力的标准，就是看他能不能在头脑中同时存在两种相反的想法，还维持正常行事的能力。

哈佛商学院约翰·沙德商业伦理讲席讲授巴达拉克提出了一种应对灰度问题的决策思路。他认为，当我们在工作或者生活中面对灰度问题时，应该像管理者一样着手处理灰度挑战，然后像个"人"一样解决问题。也就是说，在做灰度决策时，除了要尽力发挥自己的专业能力之外，还应该站在人文的视角下，对人性、心理和社会环境等多方面因素进行综合考虑，在这种思维模式下做出的灰度决策，能够将现实和人文相结合，最终规避绝大部分的风险，得出一个风险相对较小的答案。

在《灰度决策》一书中，巴达拉克提出了帮助思考的工具，即五大问题：

问题一："净"的结果是什么？

这个问题要求你深刻全面地思考你的选择可能带来的后果。所有在灰度问题上苦苦挣扎的人都应该全面而深刻地思考自己做出的决定将会给别人带来的所有结果。

问题二：我们的核心义务是什么？

这个问题强调，为了处理好非常困难的决定，你必须明白自己作为人的基本义务是什么。人与人之间有基本义务，仅仅因为我们是人。

问题三：当今世界什么奏效？

意识到世界是不可预测的，世界是受限的，世界会被个人或者团体因为自己的利益而扭曲是非常必要的。

问题四：我们是谁？

这个问题提醒了面临决策困难的人，寻找其他能够反应、表达所属环境和组织的选择，并对其规范和价值进行现实的反馈。因为你要知道，你本身就是融入了周边环境的个体。

问题五：我能接受什么？

问题五指出一个核心，"从根本上来说，作为决策者的你要自己创造出答案"。

决策者的性格、信念和价值观对解决灰度问题很重要。判断和品格也彼此紧密相连。诚然，决策要基于事实和分析，但正如艾尔弗雷德斯隆所说："经济判断的最终决议当然还是直觉。"

灰度激励，企业管理的活力之源

中国社科院的一项调查显示：中国有 80% 的大学生和 86% 的职场人都患有拖延症。50% 的人不到最后一刻，绝不开始工作；13% 的人没有人催，就不能完成工作。

这样的状态，不能不引发人担忧与深思。如何激励人，激发员工的斗志，是摆在每一位企业家面前的难题。而灰度激励，是解决问题的最好办法之一。

灰度激励，不是清晰的，也不是模糊的，它介于两者之间，关键是激励人与被激励人的认知是否契合。

一般而言，灰度激励的思路主要体现在五个方面。

愿景激励：一个清晰而激动人心的愿景，意味着团队中的每个成员都知道组织未来可能长成的样子，以及自己奋斗的价值和意义。

氛围激励：氛围就是员工工作的环境。与成熟企业相比，高成长企业中官僚作风、圈子文化之类的恶习更少。官兵平等、制度透明的组织氛围，让员工感受到自己更受尊重、更被认可、更加自主，他们也因此

会更积极、更主动地去发挥自己的才能。

成长激励：国际著名咨询公司的研究数据表明，对于知识型年轻人而言，职业发展的空间和机会远比单一的薪酬激励更有效。

分享激励：分享激励是一种长效激励，也就是通过企业与员工分享长期利益的方式，让员工心态从"打工者"走向"合伙人"。

成就激励：成就感就是能够看到自己工作的意义和价值，从而产生出的一种内心的满足和愉悦。

这些方面，华为的做法是值得借鉴的。很多原创性的激励措施应运而生：明日之星奖、"蓝血十杰"奖、"天道酬勤"奖……

华为于 2015 年 3 月 25 日正式发布了《明日之星评选管理规定》。设立明日之星奖的目的是公司要鼓舞士气上升，让英雄辈出。通过组织各部门民主评选"明日之星"，激励员工践行公司核心价值观，持续艰苦奋斗。

> 对企业高层管理者而言，灰度管理作为一种人性化管理手段，实际上就是将不同的力量综合在一起形成合力。一个领导者的目光和心胸只有超越事物表面的简单化，才有可能站得更高、看得更远。

有人的地方就有模范，有人的地方就有英雄，人人均有机会获得"明日之星"的荣誉称号。"明日之星"奖的人数：按照部门总人数50%的比例进行评选，各个区域的评选比例可以有差别。

"明日之星"奖的评选方式：

民主投票，各部门组织选区全员进行民主投票，一人一票，当场计票，当场公布结果，选票当场销毁。"明日之星"的奖品：发"明日之星"奖牌一枚，获奖信息记入员工荣誉档案。

耐克有句著名的广告语：昨天，你说明天吧。强调今天的行动，而不是观望与扯皮。现在去做，是激励的出发点。华为的激励机制是务实有效的，各个层次的员工都展示出勃勃生机。各个层面都有要求，都有落实。

高层有事业心——牵引高层不断超越自己。在这方面，华为设置了如轮值董事长、蓝血十杰、金牌员工、明日之星等各种层次的荣誉激励。员工已经有不错的收入了，就要设立更高的目标去激励。

中层有责任心——针对人们追求奖励、逃避惩罚的天然个性，采取干部能上能下、管理者末位淘汰等方式，让大家有危机感，追求更大的作为。

基层有企图心——按劳取酬，多劳多得，给火车头加满油。对表现优秀的员工，要大胆地给奖励，激发生物性的动机，建立起一种有企图心的激励结构。

灰度分配，多层次的激励与差异化的驱动

企业的发展命脉在利益的分配。为什么要分利？利益怎么分？分多少才合适？这三个问题，一直是困扰着企业的难题。企业家要处理好这些难题，掌握好灰度分配是不二选择。

华为的分配体系基于人性出发，构建多层次的激励体系，对于不同群体的人进行差异化的驱动。

通过让基层有"饥饿感"、中层有"危机感"、高层有"使命感"来塑造一支敢打胜仗、能打胜仗、会打胜仗的狼性团队。

我们的分配传统在于不患寡而患不均，不担心没有分到，而是担心分配的不公平不公正。

不过，公平不等于平均。比如你赚了一百块钱，是你多劳得来的；另外一个人赚了十块钱也是劳动得来的，付出与收入成正比，就是公平。

每个人付出多少就获得多少，这也是一种公平，就是能者多劳多得。

34

分配最能体现灰度艺术，要拉开差距，不搞大锅饭，对懒惰者的保护恰恰是对勤奋者的不公。

任正非曾经不无骄傲地宣布：华为能够走到今天，得益于分钱分得好；我最擅长的就是"分钱"。分钱是目的，分配是艺术。华为的成功因素有千万条，分配合理是第一条。

当把分红权分配掉的时候，就换来了整个世界，但是是否有这个胸怀去分享，是否分享了就能换回世界，这是一门学问。

分配的灰度无处不在，其核心就是打破黑与白的两个极端。

华为的分配制度是根据每个岗位的应负责任、解决问题的难度、管理幅度等，对岗位进行称重，称重结果用 13 级到 34 级的职级体系进行标注。比如说 13 级 10000 元，18 级就 40000 元，不同职级对应不同的工资水平。

此外给职工上保险，对于常驻海外的人员，除按当地要求缴纳社保外，还提供了商业保险。每个员工从入职就可以看到该职位对应的任职资格序列及要求，新员工对照标准进行学习，这就是未来职业或成长努力的方向。

华为的薪酬激励，与企业战略相匹配，特别注重三个"有利于"。

第一，要有利于导向冲锋——钱发了，要让大家更加有动力地持续

奋斗；如果钱发了，但是大家没有意愿持续去奋斗，就说明激励出现了问题。

第二，要有利于争取高绩效——如果绩效的高低之间差异很小，很多人也就不想往上发展了，那肯定不行。因此必须实现内部的竞争性平衡：不同等级之间要有一个直接的差距，不同贡献的人要有差距，不同绩效的人要有差距。

第三，要有利于组织的活力——让高层、中层、基层各自都有动力，这就形成了一个立体的有活力的团队。

有人认为激励性薪酬设计应该体现四大定律：

三七定律：薪酬解决 70% 的员工工作动力问题，30% 靠文化情感使命驱动。

波动定律：薪酬波动弹性越小，向上增长的幅度和频次同样越小，反之亦然。

量化定律：薪酬对应一定数量的工作，如果将工作进行量化管理，分配才会科学。

交易定律：劳资双方基于市场价值与价格匹配组织交易，更彰显公司互利共赢。

当然，好的激励一定要和公司的战略相匹配：

1. 要体现内部公平。

2. 要体现出外部的竞争性。

3. 要考虑企业的支付能力。

4. 是否有决心去打破过去薪酬架构的内部平衡。

5. 是否能够适应不同国家地区的收入水平、生活条件和社会环境等复杂因素。

薪酬激励的目的就是导向企业的可持续发展，这里关注三点：

1. 保证组织的均衡发展。

2. 避免短期行为。

3. 防止高工资、高福利对企业的危害。

这里更值得说的是华为的奖金分配特色：打破平衡，拉开差距。体现了两个原则：

1. 要向高绩效者倾斜，从而激发员工的干劲儿，提升绩效。

2. 要打破跨区域之间的平衡，打破区域内部的平衡，打破人员之间的平衡。

当然，要留住人才，灰度分配仅仅是一个重要方面，还需要基于人性的理解与包容，给予年轻人更多更大的平台与成长机会。

> 灰度管理主要是一种针对多样化人性的管理，尤其是对于知识阶层的管理，灰度的适中、适度恰恰体现了对人的欲望的尊重和激发，由此激发企业活力。

为什么像华为、腾讯、阿里这些大企业对年轻的人才有很大的吸引力呢？因为年轻人觉得在这些大公司中有学习成长的机会，可以更快、更早地学到很多新东西，这对他们来说本身就是一种收获。

第三章
灰度是人性的底色，是生命的常青树

人生没有彻底明亮的颜色，特别是关于人性，灰色就是它的底色。

在组织管理的世界里，其真正的底色同样也是灰色的，而不是非黑即白。

管理服务其实很简单，它只是需要做一个分配就好了，就是分配权力、责任和利益。

从混沌到清晰，再到深度，灰度管理是最好的跳板。

灰色，人性的主色调

世界之复杂，莫过于人性。有伟人曾言：人性乃一切社会关系的总和。

实际上，人的本质不仅包括人与人之间的关系，即个人和他人的关系，也包括每个单个的人所具有的个性。所以，一切社会关系的总和固然是人性的一个重要方面，但不是全部，还应该加上个人所具有的个性，比如自私、自由等。

人性之复杂，在于人性是个大拼盘。人性的复杂首先在于人的性格。

有人说，人是有两面的，一面是天使，一面是魔鬼。

公开的场合，会呈现天使的一面；而另一面，往往会被压抑，但压抑并不代表它会消失，相反它会在某天某个环境下显现出来。

只是在某人身上天使多一点，在某人身上魔鬼多一点，这才组成了缤纷的人性世界。

这么看来，我们还真的不能小看了人性，社会学家把人性问题视为一个至关重要的基础问题，几乎所有的社会现象都与之相关。

现实世界中的制度安排、机械设计、管理规则、治理措施、治国方略、法律规定、纪律规章等都无一例外地按照一定的人性预设为前提，或者说在它们当中总是体现和蕴含着一定的人性假设。

把视角缩小到管理领域，管理的要素主要有人、物、财、信息等。由于人的特殊性，对人的管理是最为重要和关键的环节，而对人的管理又是建立在对现实人性的理解的基础之上的。

深究起来，所有的管理理论的建设与发展都是植根于深厚的人性基础；换句话说，人及人性的发展对管理理论的发展也有巨大的促进作用。

为什么我们不太愿意去景区消费，而愿意去附近的商店消费呢？是因为常旅游的人都知道一个道理，旅游景区有商家宰客的现象，而非景区的商家却很少有宰客的现象。

是因为景区的商家老板的人性比较坏吗？当然不是，人性都是差不多的。

原因可能你也想到了——因为很多景区可能我们一辈子就来一次，商家就做你一次生意，所以就导致商家狠狠宰你一次；而在非景区的商家是靠复购来存活的，口碑很重要，自然不敢随便宰客。

有人说，人性是真理性在人身上的自由表达。用经济学家的话来说，这背后就是一次性博弈和多次博弈的问题。

所以，我们不必苛求自己做一个完美的人，也不必期待他人是一个完美的人，毕竟真实的人不完美，完美的人也不真实啊。

其实，人生没有彻底明亮的颜色，特别是关于人性，灰色就是它的底色。唯一的区别只是，有些人的灰色最后会带点亮色，而有些人一直灰色到底，甚至变成黑色。所以，我们不能要求他人当然也不能要求自己一直是明亮的颜色。

2018 年 9 月 30 日，张艺谋的电影——《影》在全国上映。张艺谋的《影》，筹备打磨超过四年，堪称匠心之作。

影随人走，"影"实际上就是一个关于人性的隐喻，通过电影这个媒介，讲述了一个关于替身与人性的故事。

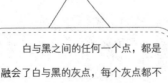

白与黑之间的任何一个点，都是融会了白与黑的灰点，每个灰点都不相同，每一个灰点都有价值的存在，由一系列灰点构成的灰线与灰度空间，是充满活力的世界。

《影》贴上中国文化特有的标签：山水，琴瑟，江湖与道。"道生一，一生二，二生三，三生万物。"真真假假，虚虚实实；恩恩怨怨，明明灭灭；生生死死，是是非非。

捉摸不透的，就是人性。这就

是人性的复归！张艺谋握住了人性的底牌，怎么打都会赢。

张艺谋说，《影》选择黑白灰的水墨风格，其实也挺符合电影主题的。讲的是人性的复杂性，电影之中的人物的每一步，其实都是在挣扎求生。

水墨画中的黑和白不代表单纯的好坏，恰恰是借水的晕染，中间产生的一些层次和变化，是水墨画的奥妙和韵味。这恰似人性中间的部分，也是黑和白不代表单纯的好坏的最复杂的部分，不是人性的黑，也不是白，而是中间部分的灰色地带。

《影》，色彩美学与人性化高度契合，文艺范儿十足，诠释了灰色就是人性的底色。

管理的灰度，拨动人心深处的一根弦

老司机都知道，夜间行车有一个定式：开车走灰不走白，见黑停下来。原因是，灰色是正常路面，白色则是前方有积水的路段，而黑色则代表了坑洼甚至是断层路面。

管理如同开车行路，灰色的路才是正路。

所以，在组织管理的世界里，其真正的底色同样也是灰色的，而不

是非黑即白。

"科学管理之父"弗雷德里克·泰勒认为："管理就是确切地知道你要别人干什么，并使他用最好的方法去干。"在泰勒看来，管理就是指挥他人用最好的办法去工作。

那么最好的办法是什么呢？可能仁者见仁，智者见智。但是，无论采取什么办法，对于人性的观照是不可或缺的。

管理的本质就是基于人性的，当你去除人性的表象，去注视人性的本真时，它所呈现出的必定是灰色。

有人给"管理"下了定义：一是八卦式，管理是"为人处世"的套路。哲学是管理学的"主意"，管理学是哲学的"功夫"。二是八股式，管理是"管人理事"的操作。哲学是管理学的理念，管理学是对哲学的应用。

虽然诙谐一些，但还是把管理的内涵与特征讲出来了。

前者是言语环境下的管理，是口头言说的对象；后者是语言环境下的管理，是学术表达的概念。无论是怎样的维度，管理都是基于人性的一种实践活动。

《华为基本法》起草人之一彭剑锋认为，人性是一个态叠加状态，人性的善与恶是一体两面，不存在绝对的善，也不存在绝对的恶。在一个人身上，善与恶是一个态叠加状态。

对人性的假设，不能单一地把他假设为经济人还是社会人，不能简单地用二元对立思维去对人性进行假设，对人性还是要有灰度思维、态叠加思维。

基于这么一种认识，我们也不难理解为什么很多优秀的企业家、伟人也会犯错。对人的认知与管理，我们应当有黑白叠加的灰度思维。

人无完人、金无足赤，优势与缺陷是并存的，优点特别突出的人，缺点一定也是突出的，再伟大的人有时候也管不住内心的恶魔的冲动，偶尔也会犯糊涂、犯错误。

外界看任正非，也是雾里看花，盲人摸象，给任正非贴上了各种矛盾的人格标签：狼性，独裁，霸道，铁汉，人性大师，智者，唐·吉诃德，成吉思汗等。

其实，真正的任正非，崇尚灰度。任正非说，管理上的灰色，是我们的生命之树！

有灰度的人一定是很痛苦的，或者说一定经过了痛苦的思考与修炼的过程。如果说任正非是人性大师，那么他对人性的洞察，无疑是基于灰度理论的。

世界的万人万事万物都不是黑与白的模块化拼接，而是黑与白融合构成的灰，灰是人的本色，是事的本质，是物的本源。

　　人是一个复杂的多面体。一般说来，每个人都有他光彩的一面，也都有他相对阴暗的一面。有个寓言故事说，每个人身上都挂有两个袋子，一个袋子里装有优点露在身前，另一个袋子里装有缺点藏在身后。不管这是不是人性的弱点，但把自己光彩的一面展示给大家，把阴暗的一面隐藏起来，这是我们每个人所做的努力。

　　管理的本质就是基于人性的，当你去除人性的表象，去注视人性的本真时，它所呈现出的必定是灰色。

　　彼得·德鲁克认为："管理是一种工作，它有自己的技巧、工具和方法；管理是一种器官，是赋予组织以生命的、能动的、动态的器官；管理是一门科学，一种系统化的并到处适用的知识；同时管理也是一种文化。"

　　作为管理者要时刻保持清醒，现实接收到的信息并不是全部。一般人只把看到的和感知到的当成世界的全部，而你随时能做到给世界留下几分余地，胸怀自然就宽广了。

　　一个科学家，性格乖僻，但他的工作只是一个人在实验室里同仪器打交道，那么，不宽容也无伤大雅。一个车间里的员工，只是同机器打交道，那么，即使他同所有人都合不来，也不妨碍他施展技艺，制造出精美的产品。

正如《赋能——打造应对不确定性的敏捷团队》中所说：企业组织已经不只是"复杂"的，而是"错综复杂"的，各个要素都是不确定的，要素之间的作用是非线性的，而其带来的结果是难以预测的。

在这种错综复杂的系统中，采用极端的、假设的、抽象的或二分法的方法，难以洞察问题的本质，更难以探索出解决问题的对策。

管理带点灰度，就能拨动人心深处的一根弦。这根弦，是奏响企业辉煌乐章的关键，也是企业走向未来的一束光。

事实上，在管理的世界里，管理者遇到最多和最困难的情况不是非黑即白的选择，而是大量的混沌与迷茫中的"多难决策"，以及由"黑天鹅事件""蝴蝶效应""灰犀牛"等引发的不确定性。

我们往往习惯于两害相权取其轻，或者高中低或上中下的选择，这样是无法应对复杂系统中的经营与管理问题的。而拥有灰度观的人，就能善于观察、洞察和把握这个灰度，寻找到相对科学可行的管理路径。

任正非说："我们真正的干部政策是灰色一点，桥归桥，路归路，不要把功过搅在一起。不要嫉恶如仇、黑白分明……干部有些想法或存在一些问题很正常，没有人没有问题。"

我们知道人力是一种资源，管理的使命就在于激发人的潜能，抑制人的负面能量，团结一切可以团结的人，调动一切可以调动的积极性，挖掘一切可以挖掘的潜力，从而实现公司的目标与战略。

面对未来的风险，我们只能用规则的确定来对付结果的不确定。只有这样，我们才能随心所欲，不逾矩，才能在发展中获得自由。

不确定性下的灰度，既是世界的本质，也是商业运作必须遵循的基本原则。灰度同样也是财富创造的价值体系，灰度就是强大的生产力。

管理就是服务，向灰度要品质

楚汉争霸，很多人都没有想到，裂土封侯的西楚霸王，竟然被偏远的汉王给打败了。这一史实，虽然是一个历史事件，但也有着管理学的道理在里面。

西楚霸王能力超强，力拔山兮气盖世；可以以力打江山，但不能守江山。项羽是打江山的霸王，却不是守江山的行家。为何？因为项羽锱铢必较，不会妥协，不会笼络人心，把韩信都撵到对手刘邦那边去了。一个人能力再强，没有团队的力量也不会取得成功。

而汉王刘邦与项羽比起来，虽非天壤之别，但差距似乎不小。

不过，刘邦有刘邦的优势，他深知人性，办事讲灰度，懂得人性之必须，知人善任，关心下属，为下属提供良好的环境，及时与下属分利，最终取得楚汉相争的胜利。

遇到棘手的问题，刘邦并没有凭借一己之见而刚愎自用，常来一句口头禅——"为之奈何"，营造阵营中的一种灰度生态。

这句口头禅，是充满灰度的，并不代表刘邦真的没有主张，而是不搞"一言堂"，给下属思考参与的空间，让下属成为策略的参与者和谋划者。

这样，一方面团结了人才，另一方面也成就了下属。刘邦非常善于以成就别人来成就自己。

商业的竞争也是一样，需要深知人性，懂得人性。

作为管理者，想达成老板或上级交给的任务或目标，我们靠的是下属和同事，只要做好下属和同事的服务工作，自己的任务也就变成大家的任务，自己的目标也成了大家的目标，成功也是自然而然的事。

管理的本质就是服务，在充分尊重人性需求的基础上，通过真诚细致的服务，激发人的善意和潜能。以人为本就是服务人心，适宜的灰度加持，让被管理者心甘情愿地努力去工作。

这里的服务，和我们常提到的"为人民服务"一样，就是尽心尽力为员工提供良好的工作环境，不断提高待遇，激发员工的工作热情，提高下属的工作效率，同时提高下属的工作能力，让员工越来越好。

员工应聘来工作，一般而言会有两个目的：一是通过工资和奖金获

取直接的经济收入；二是提升自己的个人能力，实现自己的社会价值。

了解到员工的需求，我们坚持目标与责任导向，通过灰度管理来激励员工承担更多的责任和追求更高的目标，公司可以获得更高的业绩，员工则获得更高的工资和奖金。

与此匹配，我们再通过在工作中对下属进行辅导和帮助，使员工能力获得相应的提升，个人价值也得到提升，让员工获得全面的成长，实现企业和个人的双赢。

管理是服务，最直接的意义就是管理始终为经营服务。管理做什么，必须由经营来决定；我们尤其要注意，管理水平不能够超越经营水平，否则就会出现过度管理。

管理服务其实很简单，它只是需要做一个分配就好了，就是分配权力、责任和利益。但是需要特别强调的是，权力、责任和利益需要等分，就像一个等边三角形。这个过程就是灰度管理的艺术，适宜的灰度才会带来相对公平的结果。

管理，如何向灰度要品质？华为的做法是从一杯咖啡吸收宇宙能量。

在一次学术交流中，任正非以简洁的话语讲灰度管理，"方向大致正确"就是灰度，因为方向不可能做到绝对准确。绝对的黑和绝对的白，这个"绝对"本来就不存在。"绝对"只是数学上定义的，在现实中是不可能存在的。

　　"绝对的黑"一打开，灰尘落上去，就变成深灰；"绝对的白"一打开，灰尘落上去，就变成了浅灰。灰度不是对科学研究讲的，而是对管理者讲的。

　　一杯咖啡吸收宇宙能量就是灰度，你听了别人的想法，回来后加工吸收一下，你已经悄然发生改变。

　　当然，吸收世界上最新的、前沿的信息，来自需求方的信息，也来自技术方面的信息，还来自基础理论方面的信息等，也就是要推动公司的高管、高级专家"走出去"，接触外面的技术达人、运营商或者高层领导等，与他们喝咖啡，参加世界性的论坛，参加世界性的博览会、展览，参加世界性的研讨会等，来与前沿的科学家、学者、专家、客户的高管等接触，从交流中吸收他们对未来的创见，这样回来后再来整理，从而形成自己对未来的假设。

灰度，从混沌到深度

生活中，我们经常遇到这样的尴尬：对于别人的邀请，自己不想接受，可又因为种种原因不好意思拒绝。为了不得罪人，自己总是来者不拒，不说一个"不"字。可是，自己又觉得不爽，自怨自艾。

这种烦恼来自大脑中固有的思维，这种思维模型干扰了你的判断，让你在非此即彼的选项中做出选择：要么拒绝，得罪他；要么接受，委屈自己。这也是我们常说的"二元对立思维"。

孔子在《论语》中提出的"父母在，不远游"，一点也没有灰度，但紧接其后还有一句"游必有方"。这当然是矛盾的，一方面强调子女的责任与义务，另一方面也不反对子女为了明确的目标而外出奋斗。这两种看似对立的观点，在孔子的思想主张里却能够共存，这是为什么呢？

这就是灰度思维的功劳，黑与白、对与错两端之间有着广阔的灰度。拥有这种思维的人，时常怀着开放的心态去认知事物，走出非此即彼的局限，从更高、更远的角度去看待问题。

任正非是奉行灰度思维的企业家："任何黑的、白的观点都是容易鼓动人心的，而我们恰恰不需要黑的或白的，我们需要的是灰色的观点，在黑白之间寻求平衡。"

他认为："一个清晰方向，是在混沌中产生的，是从灰色中脱颖而出的。方向是随时间与空间而变化的，它常常会变得不清晰，并不是非白即黑、非此即彼。合理掌握合适的灰度，使各种影响发展的要素在一段时间和谐，这种达到和谐的过程叫妥协，这种和谐的结果叫灰度。"

所以，灰度的起点是浑沌。"浑沌"这个概念首先从一个故事里产生，出自《庄子·应帝王》："南海之帝为倏，北海之帝为忽，中央之帝为浑沌。倏与忽时相与遇于浑沌之地，浑沌待之甚善。倏与忽谋报浑沌之德，曰：'人皆有七窍以视听食息，此独无有，尝试凿之。'日凿一窍，七日而浑沌死。"

南海的大帝名叫倏，北海的大帝名叫忽，中央的大帝名叫浑沌。倏与忽常常一起在浑沌那里见面，浑沌待他们很好。倏和忽一起商量如何报答浑沌的恩惠，说："人人都有眼、耳、口、鼻等七个窍孔用来看、听、吃和呼吸，唯独浑沌没有七窍，我们试着凿开浑沌的七窍吧。"他们每天凿出一个窍孔，七天后浑沌就死了。

这就是后人所津津乐道的"浑沌开窍而死"的寓言故事。浑沌也叫混沌。

这个故事有深刻的哲学寓意，这里不必深入探讨了。但是，故事本身所呈现出来的概念，成为中国文化基因之一。有很多理论从此叠加，如混沌学、混沌管理、混沌艺术……

企业的管理，一开始就清晰是很难的，都是从混沌中逐渐明晰起来的。管理实践的过程，就是从混沌走向清晰，再到深度。

其实，我们的管理实践过程都是权衡与取舍的过程，而不是简单的"对错选择"。

我们遇到最多和最困难的不是非黑即白的选择，而是大量的混沌、迷茫、无助中的"多难决策"，以及由"黑天鹅""灰犀牛"等引发的不确定性。

灰度管理就意味着，管理者应考虑组织内外差异带来的太多的不确定，这样的状态是不可能一下子明晰起来的，需要管理者不断调试内外资源与管理方略来应对这些不确定性，在管理过程中逐渐清晰起来。要从混沌到清晰，再到深度，灰度管理是最好的跳板。

中国人民大学教授彭剑锋认为，华为成功的最突出的三要素，除了任正非的企业家战略思维和自我批判精神，还有自成体系的组织能力。用他的话说："中国没有哪个企业敢砸几百亿咨询费，在十数年里持续去构建一个世界级的管理体系，这是不可复制的。任总在华为的组织管理能力、管理体系上确确实实下了工夫，'先僵化、再优化、后固化'，把西方的科学做事、中国的君子做人有效地结合在一起，中学为体，西学为用，真正把西方的方法用到了极致。这是华为独具特色的一点。"

在华为的组织管理体系中，灰度管理是骨架。

现在，华为由孟晚舟接班，是新鲜血液的注入与流淌，也是华为管理的再造。

有人把华为采取的管理方略概括为"四零七要九度"，据说这是由孟晚舟提出来的。

四零管理法：

（1）零借口；（2）零拖延；（3）零返工；（4）零扯皮。

七要管理法：

只要有工作就有目标；只要有目标就有计划；只要有计划就有执行；只要有执行就有检查；只要有检查就有结果；只要有结果就有责任；只要有责任就有奖罚。

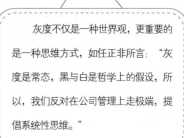

灰度不仅是一种世界观，更重要的是一种思维方式，如任正非所言："灰度是常态，黑与白是哲学上的假设，所以，我们反对在公司管理上走极端，提倡系统性思维。"

九度管理法：

工作的态度；落实的速度；目

标的精度；执行的力度；方法的强度；做事的细度；团队的风度；事业的高度；做人的硬度。

不管"四零七要九度"的原创者是谁，这个管理方略无疑是一种注重执行力、结果导向和团队合作的管理理念，对于企业和个人的发展都有着重要的意义。这个管理方略是清晰而有深度的管理准则，也预示着华为的灰度管理从混沌走向深度。

第四章
调配好灰度，发挥识人用人的智慧

不拘泥于完人，是华为认人、识才的根本。

灰度用人策略，需要管理者对人才有包容与妥协，更需要一个制度来保障科学而合理地使用有毛病的人、有缺陷的人、不完美的人。

"低重心"与"高薪酬"是辩证统一的，高薪酬请求人才，主要还是为了企业的发展，而发展需要低重心的状态。

在互联网时代，产品创新和企业管理的灰度意味着时刻保持灵活性，时刻贴近千变万化的用户需求，并随趋势潮流而变。

灰度，人才的黏合剂

要对人才的概念溯源的话，可能要追溯到《易经》的"三才之道"。《易·说卦》："是以立天之道，曰阴曰阳；立地之道，曰柔曰刚；立人之道，曰仁曰义。兼三才而两之，故《易》六画而成卦。"

后来孔子及孔门弟子的《易传》阐述道："《易》之为书也，广大悉备。有天道焉，有人道焉，有地道焉。兼三才而两之，故六。六者非它也，三才之道也。"这样，我们就明白了，三才指天、地、人，三道指阴阳、刚柔、仁义。

"三才三道"贯穿于中华民族的人伦日用之中，是中华民族与天地和谐相处的智慧。

深谙中国传统文化的管理者，一般都善于从协调人与社会、人心与人身的平衡和谐发展的关系中，找到属于自己企业的管理个性。

与之匹配的生态、世态、心态的三态，都是与人相关联的状态，在传统文化氛围中，智者都能找到平衡和谐发展的方法。

所以，自然天地之间，人才是根本！

宝洁前任董事长理查德·杜普利就曾经说过："如果你把我们的资金、厂房及品牌留下，把我们的人带走，我们的公司会垮掉；相反，如果你拿走我们的资金、厂房及品牌，而留下我们的人，十年内我们将重建一切。"

如果你要问，对于一个企业而言，最宝贵的资源是什么？我想，没有人不会不想到人才。那么，什么样的人，才配得上人才的称谓？

人才一般是指各行各业中的领军人物。具有一定的专业知识或专门技能，能够胜任岗位能力要求，进行创造性劳动并对企业发展做出贡献的人，是人力资源中能力和素质较高的员工。

人才分类的标准很多，通常我们把人才分为经营人才、管理人才、技术人才和技能人才。

各级各类人才，是企业发展的最宝贵的资源，也是决定企业存在与延续的根本！对于人才的认识，不一样的管理者有着不一样的理解。

不拘泥于完人，是华为认人、识才的根本。在华为的人力资源管理中，任正非每年都对应届生招聘提出具体的要求，从招聘"偏才""怪才"到"少年天才"。不找完人，恰恰是华为灰度选人的精髓。

灰度，成为华为用人的黏合剂。华为以灰度管理法选人用人，对事旗帜鲜明，对人宽容妥协。

从灰度管理的视角看华为的干部培养，是最值得学习的做法。具体就是下放部分权力给中层干部，同时弱化规则标准，宽容团队的奇思异想。

研究任正非的管理智慧，其根本点在于他的灰度思维融合了管理哲学，形成了独特的灰度管理法，长期的积淀，逐渐成就华为的基本法则，也是华为将人才效能发挥到最大化的关键。

有学者研究华为的人才战略，发现华为有自己的一套用人标准，并以之来识别出了一批正确的人，而这些正确的人经过 30 多年的锤炼，逐渐成为公司的顶梁柱，而这套标准就是华为最宝贵的财富。

标准之一，全力以赴的奋斗激情。企业要发展，需要一支狼性团队，这就对招聘提出很高的要求。如果招了一群绵羊，想要把他们培养成狼，那是绝对不可能的；要招狼崽。从人才入口出发，就是要招全力以赴、有奋斗激情的人。

标准之二，客户为先的服务意识。一个企业要打造以客户为中心的文化，前提是要有以客户为先的服务意识。

凭借华为的影响力，招聘 985、211 院校重点专业毕业的研究生不是问题，他们都是天之骄子，有着丰富的专业知识，但这不是华为选拔人才的首要标准，华为选拔中一个很重要的标准就是要有服务精神。服务好客户，就是服务好企业。客户是企业存在的唯一依据。

标准之三，至诚守信的优秀品格。在华为，大家在会上承诺要做的事，到规定时间一定都会很自觉地交出成绩单，这就是诚信。华为把诚信设为高压线，一旦触碰就会立即被开除。

标准之四，积极进取的开放心态。对于新事物永远保持一个积极开放的态度，许多大企业的员工总有一副高高在上的姿态，这是很不可取的。一定要始终保持开放的心态，主动而为，积极开放，这样才能接纳更多好的东西，并为己所用。

标准之五，携手共进的合作精神。这也是华为用人标准中很重要的一点。在华为内部有　句话：胜则举杯相庆，败则拼死相救。同事胜的时候能够为其举杯，是一种大度；同事败的时候不落井下石，而是拼死相救，是一种大义。以这种大义为核心的合作精神才是一个公司的灵魂。而在很多企业中，我们看到更多的是墨守成规，是漠然，是墙倒众人推。

在这个科技演变为"第一生产力"的时代，要想在市场上立于不败之地，就得有自己过硬的产品，而这一切必须靠人才。

61

标准之六，扎实的专业知识与技能。

华为的六条用人标准中，真正针对专业技术的要求只占一条，而且放在最后。为什么？因为人的能力是可变的，知识技能也是可变的，但是人的素质是早已形成的，不是说变就能变的。

任用人才，灰度视野的价值取向

干事业的人，对于人才的渴望，超越一切。

《墨子》："尚贤者，政之本也。"《资治通鉴》："为政之要，莫先于用人。"《汉书》："盖有非常之功，必待非常之人。"《诗经》："济济多士，文王以宁。""周公吐哺，天下归心。"……

刘邦说过，他用兵不如韩信，谋算不如张良，治国不如萧何，但他能用他们之所长，而终成为君主……

任用人才，是企业生成发展之必需；而管理者不同的人才价值取向，是决定企业能否走得远的关键。

无论哪个企业，实现人才的合理调配是关键。尤其是外部人才引进与内部人才培养的平衡搭配，是企业永续经营的基本前提。

为了做到快出人才、多出人才，企业家们想尽办法不遗余力地投入大笔的资源用于企业人才培养工作。而现在行业的快速发展导致各行各业人才稀缺，但是在实现人才战略的时候，并没有一套识人用人的考核标准，即便引进了人才，也不一定能留得住。

今天你能把人才挖过来，明天别人就能把人才挖走，但是没有哪个企业是靠挖人才建立自己的团队从而成功的，所以，每个企业都要有一套识人用人的标准。有了这个标准，才能最大可能地留住人才、发展人才。

在人才管理方面，需要一个开放包容的人才组织体系。形形色色的人才要融入其中，整个组织的文化必须是包容开放的；允许个性张扬与自主发展，对人才不能求全责备，要给他们试错纠错的机会；尤其是在需要发挥每一个个体创新精神的时代，要允许员工犯错误，要允许员工失败。

灰度用人策略，才是务实而良性的。优点突出的人缺点也突出，顶尖的创新人才往往都有个性。

这就需要管理者对人才有包容与妥协，更需要一个制度来保障科学而合理地使用有毛病、有缺陷、不完美的人。在这种条件下，企业的人力资源管理也要从过去的黑白分明走向灰度思维。

这里重点说一下任正非用人价值取向的"四砍"原则：砍掉高层的

手脚、砍掉中层的屁股、砍掉基层的脑袋、砍掉全身的赘肉。

砍掉高层干部的手脚，就是要他们头脑勤快，而不要用手脚的勤快掩盖思想上的懒惰。高层干部就是确保公司做正确的事情，要保证进攻的方向是对的，要确保进攻的节奏是稳妥的，要协调好作战的资源是最优的。

砍掉中层干部的屁股，就是要打破部门本位主义，不能由屁股决定脑袋。就是要走出办公室，去现场和市场，实行走动管理，答案在现场，现场有神灵。就是要让干部的眼睛盯着客户和市场。

砍掉基层员工的脑袋，就是要基层员工必须按照流程要求，把事情简单高效地做正确，不要自作主张，不要随性发挥。不管你是硕士，还是博士，都必须遵守公司的流程制度和规则。

砍掉全身营养过剩的"赘肉"，就是要砍掉员工的"惰怠"，砍掉不劳而获的幻想，砍掉居功自满的心态，砍掉封闭狭隘的思想。

这"四砍"原则，一下子把华为的用人路子理顺了。每个人针对自己所处的位置，明晰自己的任务与职责，不越位，不缺位。

这样做到位当然很难，关键要在思想上保持开放、妥协和灰度，破除封闭的、僵化的、狭隘的思想。

在内部管理上，公司提倡部分高级干部要走"之"字形跨部门轮岗发展的路径，提倡部门间"掺沙子"，将最贴近一线的干部掺到中后台部门任正职，以此打破思想上的部门墙，疏通流程，高效运行。

同时，积极对外拓展，加强与全世界科学家的对话与合作，支持同方向科学家的研究，积极参加各种国际产业与标准组织和学术讨论，多与能人喝咖啡，从思想的火花中感知发展方向，以破除狭隘的民族自尊心、狭隘的华为自豪感、狭隘的自我品牌意识；拥抱先进文化，融入世界。力改"竞争对手"的称呼为"友商"，努力促成既竞争又合作的良性商业生态环境。

不过，我们需要明确，灰度并不等于没有原则，而是基于大家认可的愿景，基于大家认可的游戏规则之上的个性的充分发挥，真正去尊重每个人独特的价值创造的能力。

我们既鼓励员工长成参天大树，也允许失败；容忍失败，容忍不完美。团队开始会不完美，但穿过一条艰苦漫长的荆棘路，共同经历与实践磨砺，同舟共济与风雨同行，会逐渐变得完美。

灰度用人的"低重心"与"高薪酬"

在任正非的灰度管理思想中，有一个值得关注的做法，就是实行低重心的管理。这个低重心管理，实际上就是要求层层级级在做实上下工夫，杜绝资源浪费，提高生产能力。

华为凭着低重心战略，争取到了国内市场的重要地位。

任正非认为，做企业就是这样，只要我们做实，我们的生产能力就可以增长，我们公司的经济至少可以增长三分之一，我们现在还存在极大的资源浪费，所以要花一两年时间实行低重心战略，凭着低重心战略，我们就能争取到国内市场的地位，坚定不移地在做实中贯彻成本否决制度。

道理其实很简单，就如同打篮球，当你持球时"低重心"就具备突破的天然优势，你可以随时随地处于"启动"状态。在本身就持球掌握先机的情况下，再加上低重心那一瞬间启动的爆发力，是许多后卫"一步过人"的秘诀。

当然，"低"其实就是"高"，做人低调的人，往往做事高调；球场上舍得屈膝降低重心的人，往往打球高效。台风一来，刮走的往往都是那些高高的大树，平日低垂的小草却总是坚韧地存活下来。

提到"高薪酬"，很多人立刻会想到华为自 2019 年启动的"天才少年"项目。

在任正非的设想里，第一年的招聘规模为 20 至 30 名，且逐年增加，第二年计划招募 200 至 300 名天才少年。

华为因对"天才少年"开出高年薪而备受社会关注。年薪分为三档，最高档为 182 万至 201 万元；第二档为 140.5 万至 156.5 万元；第三档为 89.6 万至 100.8 万元。

当然，华为的高薪酬绝不仅是为了这些顶尖的天才少年，而是全部员工。

只不过这一举措，凸显了华为对人才的重视。现任华为轮值董事长孟晚舟曾公开表示："人才是华为最大的财富。"她将人才存储、思想存储、理论存储、工程存储和方法存储视为公司的真正价值。

当然，"低重心"与"高薪酬"是辩证统一的，高薪酬请来的人才，主要还是为了企业的发展，而发展需要低重心的状态。

华为的年报显示，2022 年研发费用支出达到了 1615 亿人民币的历史高位，同比增长 13.2%，占全年收入的 25.1%，近十年累计投入的研发费用超过 9773 亿人民币。

华为近年还提出"世界级难题成就世界级人才"的口号，通过奖项等多种渠道招揽顶尖人才。多年来，为了在基础理论上做准备，华为投了几千亿培养了一批研究基础理论的科学家、技术诀窍的专家。

但是，这些高层次高水平的研究，不能一直锁在象牙塔里。当华为受打压时，就采取"低重心"战略，请这些科学家到"山脚"来"放羊""种地"……拿着"手术刀"参加"杀猪"的战斗。

与低重心管理相配合的薪酬管理，主要就是管好目标，分好钱。让该拿钱的人多拿钱。好的人力资源管理，是管住了人性的恶，而不是回避人性的贪婪、恐惧，要用制度建立起坚固的堤坝，把一个个的人都变成善良的人。

灰度用人法，就是要让每个人把控自己的幸福。灰度本就有着对人性的深刻觉察和高度关注，个人在企业中，想要锻炼自我、积累财富、提升幸福，也需要保持对人性的正确认知。把握不好人性，是难以企及成功的。

　　但是，分钱也是一门艺术，分钱的目的是促进公平、带来效率，不是为了倡导唯金钱论。反之，不为钱而奋斗，反而更值钱。

　　在社会上也能看到这样的终极规律：急躁的钱是挣不来的。挣钱需要远景规划，如果你没有耐心，一开始工作就奔着钱而去，反而离金钱很远。

　　我们需要理解人性，找到自己人生的方向。要对自己有较全面与清醒的认知，要让自己的目标和能力匹配。

　　选对人，是人力资源成功的第一步，但想要达到卓越的成果，我们还需要对绩效目标进行科学的管理，把正确的人放在正确的位置，干正确的事。怎么干？低重心做事。干得好，薪酬高；干得不好，团队都来找问题，找出问题争取干好工作。

　　如何保障？当然是绩效。绩效是管理中的一个重要手段，但是很少有企业能做好。在实行的时候总会面对各种各样的问题：目标定得不对，评价体系不完整，评价结果出来没地方用等。

　　华为的灰度管理，就是在牢牢抓住目标的基础上，允许绩效评价的迭代与优化。华为通过十年持续的绩效管理，明确企业的发展本质上依赖一种利益驱动机制，而利益驱动机制包括价值创造、价值评价、价值分配，从而打造了一个很好的目标管理体系，把绩效做到了

极致。

灰度用人的"低重心"与"高薪酬"辩证统一，不是为了看，而是为了干。任正非说：我们建立工资体系时不是为了看，而是要实用化，要能干起来。

当然，我们要善于借鉴成功者的经验，结合华为的现实，不断优化运作系统，从基础做起，一环环建立起来，持之以恒，最终推动企业的发展。

马化腾的"灰度法则"
——从马化腾的一封信说起

《成都日报》曾经报道过这样一则新闻：2012 年 7 月 9 日是腾讯合作伙伴大会一周年，腾讯创始人、董事会主席兼首席执行长马化腾发出公开信，跟合作伙伴分享他的七条"灰度法则"。

马化腾在公开信中表示，他提出的"灰度法则"概念，是从华为创始人任正非的《管理的灰度》一书中受到启发。他说："在腾

讯内部的产品开发和运营过程中，有一个词一直被反复提及，那就是
'灰度'。"

姑且称这封信为"灰度法则的七个维度"吧。

不过，马化腾的灰度管理与任正非的灰度管理有所不同。任正非把
华为管理哲学的核心归结为"灰度理论"，马化腾则把腾讯的成功归因
于"灰度哲学"。

马化腾从生态的角度观察思考，把 14 年来腾讯的内在转变和经验
得失总结为创造生物型组织的"灰度法则"。在互联网时代，产品创新
和企业管理的灰度意味着时刻保持灵活性，时刻贴近千变万化的用户需
求，并随趋势潮流而变。

这个法则具体包括七个维度，分别是：需求度、速度、灵活度、冗
余度、开放协作度、进化度、创新度。

实际上，腾讯的产品开发，一直都遵循着灰度原则。

马化腾的灰度机制是这样的：很多公司在一开始做产品定义时，要
么确定它是黑的，要么确定它是白的。但是马化腾发现，互联网产品的
定义是由用户投票决定的。在一开始，我们不定义它是黑还是白，有一
个灰度的周期。在这个灰度周期里，让用户的口碑决定它是生是死，是

白还是黑。

灰度机制就是容忍失败，鼓励内部竞争、内部试错。在面对创新的问题上，要允许适度的浪费。

马化腾在这封公开信里对"灰度法则"包括的七个维度进行了详细解读。

其一，需求度：用户需求是产品核心，产品对需求的体现程度，就是企业被生态所需要的程度。

马化腾以 QQ 邮箱为例，称邮箱上线之初加载了许多自认为酷炫但用户并不需要的功能，造成市场推进困难，所幸后来意识到了这个问题并及时转变。在此之后，公司内部形成了"10/100/1000 法则"，即：产品经理每个月必须做 10 个用户调查，关注 100 个用户博客，收集反馈 1000 个用户体验。

其二，速度：快速实现单点突破，角度、锐度尤其是速度是产品在生态中存在、发展的根本。

在阐释"速度"时，马化腾称，市场从来不是一个耐心的等待者，在市场竞争中，一个好的产品往往是从不完美开始的，而先进入市场也不能想当然地安枕无忧。对此，应"小步快跑，快速迭代"，鼓励互联网从业者坚持每天发现、修正一两个小问题，不到一年基本就把作品打磨出来了。

其三，灵活度：敏捷企业，快速迭代产品的关键是主动变化，主动变化比应变能力更重要。

这个世界唯一不变的就是变，变是这个世界永恒的主题。马化腾要求管理者、产品技术人员而不仅仅是市场人员能够预见问题、主动变化，不要在市场中陷入被动。

他认为，在维护根基、保持和增强核心竞争的同时，企业本身各个方面的灵活性非常关键，主动变化在一个生态型企业里面应该成为常态。这方面不仅仅是通常所讲的实时企业、2.0 企业、社会化企业那么简单，互联网企业及其产品服务，如果不保持敏感的触角、灵活的身段，一样会得大企业病。

其四，冗余度：容忍失败，允许适度浪费，鼓励内部竞争、内部试错，不尝试失败就没有成功。

在"冗余度"中，马化腾提到了微信。他说，很多人都看到了微信的成功，但在腾讯内部已先后有几个团队都在同时研发基于手机的通信软件，每个团队的设计理念和实现方式都不一样，但最后是微信受到了更多用户的青睐。他认为，没有竞争就意味着创新的死亡。即使最后有的团队在竞争中失败，但它依然是激发成功者灵感的源泉，可以把它理

解为内部试错。

其五，开放协作度：最大程度地扩展协作，互联网很多恶性竞争都可以转向协作型创新。

在这个维度，马化腾重点反思了互联网的价值。在他认为，互联网的一个美妙之处就是，把更多人更大范围地卷入协作。越多人参与，网络的价值就越大，用户需求越能得到满足，每一个参与协作的组织从中获取的收益也越大。

所以，适当的灰度还意味着，在聚焦于自己核心价值的同时，尽量深化和扩大社会化协作。在这种新的思路下，互联网的很多恶性竞争都可以转向协作型创新。利用平台已有的优势，广泛进行合作伙伴间横向或者纵向的合作，将是灰度创新中一个重要的方向。

其六，进化度：构建生物型组织，让企业组织本身在无控过程中拥有自进化、自组织能力。

马化腾近年来不断思考一个问题：一个企业该以什么样的形态去构建它的组织？什么样的组织，决定了它能容忍什么样的创新灰度。

他以柯达为例谈了自己的想法。很多人都知道柯达是胶片影像业的巨头，但鲜为人知的是，它也是数码相机的发明者。这个掘了胶片影像业坟墓、让众多企业迅速发展壮大的发明，在柯达却被束之高阁。

在马化腾看来，这就是组织僵化。在传统的机械型组织里，一个"异端"的创新，很难获得足够的资源和支持，甚至会因为与组织过去的战略、优势相冲突而被排斥，因为企业追求精准、控制和可预期，很多创新难以找到生存空间。

而要改变，唯有构建一个新的组织形态，这方面要向生物型组织学习。那些真正有活力的生态系统，外界看起来似乎是混乱和失控的，其实是组织在自然生长进化，在寻找创新。那些所谓的失败和浪费，也是复杂系统进化过程中必需的生物多样性。

其七，创新度：创新并非刻意为之，而是充满可能性、多样性的生物型组织的必然产物。

马化腾认为，如果一个企业已经成为生态型企业，开放协作度、进化度、冗余度、速度、需求度都比较高，创新就会从灰度空间源源不断地涌出。

所以，创新不是原因，而是结果；创新不是源头，而是产物。企业要做的，是创造生物型组织，拓展自己的灰度空间，让现实和未来的土壤、生态充满可能性和多样性。这就是灰度的生存空间。

在这封信的最后，马化腾不无感慨地说：我相信每一个创业者都怀

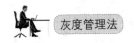

有一个成功的梦想，我与大家分享的是腾讯 14 年互联网实践的一点体会。它肯定是不完整的，但它同样也遵循"小步快跑"的灰度法则，需要一步一步去完善，大家可以继续发挥和探索。

第五章
客户的重视，灰度管理的价值彰显

有实战经验的营销人员都知道，为满足客户的需求，我们唯一能做的就是在产品与服务两个方面同时下工夫。

以客户为先的服务意识不是抽象的，而是具体的，就是要有那种成就他人、服务他人的意愿，从小事做起。

灰度始于混沌，终于清晰。混沌对于灰度管理非常重要，研究灰度，首先要关心混沌。

华为的信念："客户关系是第一生产力。"

灰度洞察：客户需求

从概念上讲，客户需求就是客户希望得到的符合自己要求的产品或服务。企业通过广泛和深入地了解客户的实际需求，可以帮助企业做出正确的决策。不管是经济低迷还是高涨，企业的生存发展都应该始终以客户需求为导向；也只有以客户的需求为导向，不断完善业务的发展方向，才能赢取更多消费者的青睐，提高客户满意度。

通俗点说，客户需要什么、客户希望从你这里获得什么，这就是"客户需求"。当然，客户能否从你这里获得他想要的东西，获得的过程是否方便愉快，有没有意料之外的增值服务，其本质上也都属于"客户需求"。

现代管理学之父彼得·德鲁克说，企业的根本目的就是创造顾客，因此只有引领了客户需求，才能创造更多的客户，或将竞争对手的客户吸引过来。

腾讯的产品研发就始终以客户需求为原则，并一直遵循"灰度法则"。拿需求度来说，有些研发者挖空心思创造出来的产品，拿到市场上却不被认可。这个时候就不能固执、想当然地猜测用户的使用习惯，一条道走到黑，而是要回到起点重新去研究。

马化腾在早年的一场演讲中提到过，腾讯在研究用户需求的过程中形成了一个"10/100/1000法则"：产品经理每个月必须做10个用户调查，关注100个用户博客，收集反馈1000个用户体验。

这个方法看起来有些笨，但很管用，可以帮助研发者摆脱思维的局限性，从另一个角度去看问题。

那么，客户到底需求什么？有实战经验的营销人员都知道，为满足客户的需求，我们唯一能做的就是在产品与服务两个方面同时下工夫。

有人认为，我的产品做到了99分，客户肯定买单；但现实是客户要的，并不是99分的产品，客户要的是80分的产品和90分的服务。

其实，很多时候，客户的需要是多样化的，且较难理解。因为客户不会清晰明确地说出需要，这也可能是客户缺乏专业或者经验，也许是客户不善或不便表述。这个时候，服务的重要性便凸显出来了。

如果说产品是给客户希望，那么服务就是客户能够摸得着的结果。如果产品是解决方案，那么服务就是解决方案实施后的结果交付，我们通过服务确实解决了客户的需求与痛点，这时候服务的定义就是多、快、好、省。

基于这个前提，如果不能让客户得到想要的结果，我们光提供产品

是没有用的，这个世界还缺产品吗？如果不能让客户得到想要的结果，就算是天天陪着客户，哪怕累死累活，都不算是服务。

也有学者对客户需求做了如下分类：

其一，基本型需求。是顾客对产品或服务的基本要求，是顾客认为产品"必须有"的属性或功能。当不满足顾客需求时，顾客很不满意；当满足顾客需求时，顾客也可能不会因此表现出满意。

其二，期望型需求。是指顾客的满意状况与需求的满足程度呈线性关系，此类需求得到满足或表现良好的话，客户满意度会显著增加，当此类需求得不到满足或表现不好的话，客户的不满也会显著增加。

其三，兴奋型需求。又称魅力型需求。随着满足顾客期望程度的增加，顾客满意度也急剧上升。

当然，客户需求也需要管理，具体说来有以下几点思路。

（1）建立需求管理流程，打通职能部门墙；

（2）建立跨职能（销售、市场、研发等）的需求管理团队；

（3）统一需求管理，明确需求管理各阶段的责任人；

（4）主动收集需求，准确把握市场机会；

（5）降低紧急需求比重，提升版本交付质量；

（6）规范需求分析过程，提高需求分析能力。

灰度导向：以客户为中心

在灰度管理中，服务客户是重要的一环。打造以客户为中心的企业文化，就要打造以客户为中心的服务意识，我们首先要明确什么是以客户为先的服务意识。

以客户为先的服务意识不是抽象的，而是具体的，就是要有那种成就他人、服务他人的意愿，从小事做起。

运营企业的人都知道，企业生存发展的前提是要有利润。有了利润，企业员工发薪水无忧；有了利润，股市市值可以大幅飙升；有了利润，可以完成上级下达的指标任务……

有关利润的认知，有学者从四个方面做了诠释。

（1）首先消灭眼前唾手可得的浪费，降低成本，获得点到点的利润。

（2）通过科学管理解决浪费背后的问题，通过全流程完善获得一条线上的利润。

（3）通过创新从无中生有处获得利润，就像华为一样，向无人区

进军。

（4）利润不可遇不可求，最后一定是"文化立企"，这是一个企业基业长青的不二法门，是利润获取的最高形式。

当然，回归到逻辑起点：利润从哪里来？或许有千万条路径来创造利润，但是，最后都要回到客户这边，利润只能从客户那里来。唯有客户消费了产品，才能产生利润。

企业的生存本身是靠满足客户需求，提供客户所需的产品和服务并获得合理的回报，天底下唯一付钱给你的就只有客户。我们只有通过为客户服务，为客户提供优质服务，才能招来客户并留住客户。

任正非说："华为命中注定是为客户而存在的，除了客户，华为没有存在的任何理由。"

华为是坚定的客户中心主义，可以从以下几个方面理解：

在思想上，对客户永远保持敬畏之心。在组织上，构建以客户为中心的组织体系。在流程方面，华为把以客户为中心的思想落实到了实处，以客户为中心的流程管理追求的是构建"端到端"的流程，而非"段到段"的流程。在战略上，所谓以客户为中心，不仅要洞察客户的需求，还要帮助客户创造更多的价值，帮助客户成功。

当一个企业把服务客户上升为一种信仰、一种使命，拥有这样基因的组织，不成功都难。

以客户为中心，首先是服务客户。客户服务首先是一种服务理念，通过完善的客户服务和深入的客户分析来满足客户的需求，保证实现客户的终生价值。

以客户为中心更是一种改善企业与客户之间关系的新型管理机制，它实施于企业的市场营销、销售、服务与技术支持等与客户相关的领域，要求企业从"以产品为中心"的模式向"以客户为中心"的模式转移，也就是说，企业关注的焦点应从内部运作转移到客户关系上来。

据国际权威机构调查：对客户服务不好，造成 94% 的客户离去！因为没有解决客户的问题，造成 89% 的客户离去！每个不满意的客户，平均会向 9 个亲友叙述不愉快的经验。在不满意的用户中有 67% 的用户会投诉。通过较好地解决用户投诉，可挽回 75% 的客户。及时、高效且表示出特别重视用户，尽最大努力去解决用户投诉的，将有 95% 的客户还会继续接受你的服务。吸引一个新客户所花的费用是维护一个老客户的 6 倍。

以客户为中心，其次是成就客户。成就客户，就是要无限制地满足客户的各类需求。

成就客户不是成就客户内部的某一个人，我们在日常的业务活动中，经常将客户端的某一个人理解为客户，这个是需要特别关注的一

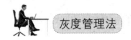
点。客户肯定是有代表人物的，但是客户的代表人物和客户肯定还是有区别的。我们肯定是要关注客户中的核心关键人物，但是我们更需要关注我们如何与客户之间建立多层次的组织关系，通过组织关系来确保我们与客户之间的深度合作的持续开展。

成就客户，这个事情说起来容易，但是真正要落实下去，其实是要有一个系统性的规划和系统性的认识的。成就客户，不仅仅是一种经营理念，更重要的是我们在工作当中的思维原点。成就客户，不是纵容客户，也不是以我为主，核心在于我们在成就他人的过程当中，达成我们的经营目标。

以客户为中心，需要从小事做起。华为董事、战略研究院院长徐文伟先生在一次校园招聘核心工作组会议上曾经讲过一句话：以客户为先的服务意识就是端茶倒水的能力。

企业只有真正把以客户为中心的理念落到实处，不断通过优质创新产品、系统性解决方案及良好服务来为客户创造价值，才能在与客户的共同成长中实现企业的长远可持续发展。

我们知道，华为招了很多来自985、211院校重点专业毕业的硕士，他们都是天之骄子，很多时候都是被服务者，想要做到服务于别人无疑是很困难的事情，华为选拔中一个很重要的标准就是要有服务精神，只有具备这种端茶倒水的服务精神，才能服务好客户。

综合看来，以客户为中心，是一个长期工作，回报极低，甚至是没有；但是没有企业不重视它，因为服务客户就是服务企业本身。

事实上，客户服务不是利润中心，并不直接创造经济效益，似乎不应该成为企业发展的关注重心。那么，客户服务为何如此重要？从某种程度上讲，它不仅重要，甚至可以看成是一个企业的利润中心。因为客户服务虽然不创造利润，却是最大的利润来源。

当然，企业维持良好的客户服务需要投入较大的成本，提供优质的客户服务更需要企业持续投入大量精力和财力。但是，值得去做。就如一个士兵，他有强壮的体魄，有高超的战斗技巧，但如果没有精良的装备，在战场中他的生存概率是很低的。

我们通过提供优质的服务，可以赢得客户的信赖和支持，确保留住每一个现有的客户，并不断开拓潜在的客户，为企业带来源源不断的效益，这也正是客户服务成为利润中心的意义所在。

灰度运作：在混沌系统里经营客户

现代营销学之父菲利普·科特勒说："营销就是发现还没有被满足的需求并去满足它。"如何满足客户？得讲究点策略。

2009年5月，由菲利普·科特勒博士与约翰·卡斯林博士联手推出的新作《混沌时代的管理和营销》在中国正式面世。

《混沌时代的管理和营销》提出了深度的见解和切实可行的战略，不仅为了渡过眼前的经济不景气，也为了在未来的跌宕起伏中取胜。

关于灰度，任正非有一段经典论述："一个清晰的方向，是在混沌中产生的，是从灰度中脱颖而出的。方向是随时间与空间而变的，它常常会变得不清晰，并不是非白即黑、非此即彼。合理掌握合适的灰度，使各种影响发展的要素在一段时间和谐，这种达到和谐的过程叫妥协，这种和谐的结果叫灰度。"

灰度始于混沌，终于清晰。混沌对于灰度管理非常重要，研究灰度，首先要关心混沌。

有管理学研究者认为一个公司的最佳状态就是不断演绎的而又可控的混沌样态。这样既可以保持公司的创造力，不至于陷入死气沉沉的有序的静止状态，同时也不至于让整个公司无法控制，陷入无法预测的彻底无序状态。

企业的混沌样态，最佳的期待就是为员工提供更加广阔的自由发挥空间，企业的发展实际与员工的工作实践出现自组织现象，可以让公司保持创造力和进化的能力。可以说，从混沌样态的复杂性研究可以看出，公司管理需要有效的领导力、长远的眼光、强有力的价值观和开放的沟通能力。

《混沌时代的管理和营销》的创新之处在于提出了一种"混沌管理系统"，据说对这个系统在美国还注册了专利。这个系统的目的是帮助商界领袖转变其组织，包括增加新的重要的内部流程，成功运营并更好地理解和处理发生在他们周围的事件。该系统可以帮助企业完全重新考虑在经济衰退和其他动荡的条件下如何进行管理和营销，包括：

（1）如何建立早期预警系统，以识别发生巨变的第一个信号，包括颠覆性创新和冲击。

（2）如何利用战略构建详尽的最坏情况、最好情况和一般情况下的方案，以便有效应对每种情况。

（3）如何在特殊部门战略性地削减成本或提高效率：财务、信息

技术、制造、采购和人力资源等部门。

（4）如何确保企业在核心客户群的市场份额，不要削减客户调研和营销的预算。

（5）如何把战略规划缩短到三个月的周期，以便更密切地关注企业脉搏的变化。

（6）如何避免可能出现的放弃核心原则的灾难性后果。

当然，经历混沌的洗礼，就需要进行精准分析，经营好行业客户。一个企业的营销高手，通常就是寻找客户、满足客户，找准市场需求点的高手。

（1）潜在客户对现状是否满意，对什么不满意？

（2）潜在客户有何想法和要求，是否想改变现状？

（3）潜在客户最看重什么，质量、价格还是服务？

（4）潜在客户如何看待销售代表和竞争对手的优劣势？

（5）潜在客户的组织文化和个人性格如何？

企业的灰度管理要求以客户经营为核心，经营好客户，可以改变传统管理的被动局面，真正调动每一个人的积极性，找到经营过程中的最佳答案。

一般说来，客户经营有四个重要维度，每个维度代表不同的经营方向，也决定了管理的最佳答案的获得。

（1）经营客户就是经营客户的利益。

（2）经营客户就是经营客户的满意度。

（3）客户经营就是经营客户关系。

（4）客户经营就是经营客户质量。

客户经营也是一种投资，投资就需要决策，决策方向错了，一切就都错了，这个方向就是优质客户。但是，对客户经营的定位一定是共赢共好，是双向的。用马云的话说，我们就是为客户赚钱。

在这样的思维指导下，公司要在客户经营方面舍得投钱，投入了要有更好的效益，而这个效益的基础就是客户质量越来越好，客户结构越来越合理。

一方面，长期持久稳定地为客户提供好的产品、好的服务，让客户获得充足的保障和利益，这是最重要的。另一方面，通过优质的客户经营获得更多的客户，而且是更优质的客户，同时也能更有效率地工作。

灰度价值：客户的认可是第一生产力

公司营销有个"二八"法则，20%的客户创造了80%的收入。对于任何公司来说，这20%的价值客户都是宝贵的资源和财富。

任正非先生十分敏锐，明确指出"客户关系是第一生产力"。只有客户和你形成了深度的立体的关系，才可能和你有持续的商业往来。说到底，华为的一切成就的基本构成单位，始终是一个个良好的客户关系。华为不仅遵守这一法则，而且还发展出全方位、立体的客户关系模型。

最开始的华为是一家贸易公司，曾经卖过保健品、减肥药、酒，甚至还做过一段时间墓碑生意。后来抓住机遇做通信行业，才从一个名不见经传的企业，发展成为全球五百强企业。

这个成长过程，有太多的经验值得总结；尤其，华为所营造的良好的客户关系功不可没。"客户关系是第一生产力"已经成为华为的信念。

早期的客户对华为有一个评价：华为有一流的市场，三流的产品。

这句评价，击中了华为的软肋。是的，华为初创期的产品的稳定性很差，因为当时是以销售能力为第一能力，就是为了拿单，最开始是在北方打开了华为第一片天地，当跟北方的客户熟悉了以后，北方的客户是比较直爽的，就跟华为的销售开玩笑：华为就是一个大忽悠，我就算是想要原子弹，你也敢先答应下来，回头再找人找图纸去开发。

这件事，让任正非很尴尬也很无奈，发展的确需要过程，以流量的获取带动质量的提升，这可能是华为最佳的快速发展路径。

任正非毕竟是任正非，他并不自卑或者焦虑，而是来了一个自我解嘲，说华为产品的确不是最好的，但是那又怎么样？我能够让客户选我，而不选你，这就是我的核心竞争力。

因为，客户认可华为，华为把客户的认可作为发展的第一生产力。做好服务，维护好客户关系，是华为首要的任务。

不仅华为这么做，其实，阿里等国内外一流企业都是"客户是第一生产力"的拥趸。

马云认为："我始终坚信客户第一，员工第二，股东第三。"

他说："今天我们融到的不是钱，而是来自人们的信任。数以百万计的小企业、众多的股东，我对此感到非常荣幸、非常兴奋。我想到未来五到十年的责任，是如何让这些股东高兴。但最重要的是，让站在台上敲钟的那些人——我们的客户成功。如果他们成功，我们所有人都会高兴。这就是我所坚信的东西。"

亚马逊创始人、CEO 杰夫·贝索斯对于客户的认知更是不一般，他提出的"客户痴迷"，让亚马逊公司跃升为全球十大企业之一。

在杰夫·贝索斯看来："以客户为中心的方法有很多优点，即使客户表示非常满意，即使客户还不了解自己想要更好的东西，而你取悦客户的欲望会驱使你为他们发明。正如没有任何客户要求我们提供 Prime 会员计划，但事实上这是他们的需求。我可以为你们举出很多例子来证明。"

同样，"客户痴迷"也是苹果公司的核心理念。乔布斯在一次苹果开发者会议中说道："你必须从客户体验开始，然后反向去寻找技术。你不能先从技术开始，然后想办法把它卖掉。"

谈起海底捞的成功密码，创始人张勇从不避讳："我们对客户的了解，甚至超过了客户本人。"这就是成功密码。海底捞把客户的地位提高到无上的地步。

海底捞最著名的服务是：等位时的跳棋，无限供应的水果、爆米花，免费擦鞋、修指甲，给顾客带来快乐的服务员等。这些是顾客提出的吗？不是。这都是源于海底捞充分分析顾客需求后的创新。

正是因为客户的认可，才有华为、海底捞等一大批企业的崛起。

当然，"客户的认可是第一生产力"并不等同于"客户永远是对的"。而是利用数据驱动的洞察力，通过不断地为客户提供高质量、有意义的体验来增加客户终身价值的外在业务方法。

"客户的认可是第一生产力"意味着所有的对话和决策，不仅通过顾客的视角被检验，而且被顾客"自己评价"。这种对客户的高度关注意味着企业会发现自己在推动行业领先的创新。

建设好客户关系，可以给我们带来格局、规模、盈利三大收益。但是，在得到利益的同时，更要去追问，在现在和未来，我们能否给客户带来价值？我们的产品和服务，在客户的业务当中是他的主航道还是边缘业务？

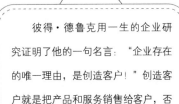

彼得·德鲁克用一生的企业研究证明了他的一句名言："企业存在的唯一理由，是创造客户！"创造客户就是把产品和服务销售给客户，否则，企业必然会走向衰亡。

我们必须要明白，做企业最终还是做文化。要想推动"客户的认

可是第一生产力"成为企业的理念，以此打造组织的核心，先要使它形成一种文化。

也只有把这种理念逐渐沉淀为一种文化范式，并濡染与规约员工的行为，为企业塑造强大的团队，不断促进企业的创新发展，才是灰度管理的终极追求。

第六章
灰度管理的情感效应，管理之道在于管心

宽容是胸怀，包容是格局。一切都是围绕共同的目标，成就共同的事业。

华为这么多年来的成长路径，得益于一个开放思维：理想主义＋实用主义＋实验精神＋拿来主义。

灰度管理的一个很重要的秘诀就是不吝赞扬，不惜激励。

作为企业的灵魂人物，能够针对企业的发展与人才的使用需求，懂得什么时候栽花，什么时候栽刺。

宽容与包容，灰度管理的胸怀与格局

管理是一门艺术，艺术的生命在于创造。一切管理活动都应当具有创造性。因为，在实际的管理中，没有一成不变的模式。

创造者需要很多条件，其中之一就是胸怀与格局。有人从彼得·德鲁克的大作《卓有成效的管理者》中看到这样一个逻辑链条：

一群平凡的人能否做出不平凡的事业？答案是肯定的。一群平凡的人完全可以做出不平凡的事业，只要我们组织中的每一个人都能做到卓有成效。

卓有成效可以学会吗？答案也是肯定的，卓有成效是可以学会的。每个人都必须卓有成效吗？答案也是肯定的，卓有成效是管理者必须做到的事。

这个逻辑链条，终极指向管理者的成效。管理没有成效，还需要管理者做什么？

其实，这也是灰度管理的基本逻辑——基于管理成效的管理实践。

灰度管理不是一个人去管理，而是把权力层层下放，下放到前沿阵地。

事实上，尤其是对于像华为这样一个庞大的组织而言，战略的制定与形成已经不再像我们传统意义上所理解的那样，是由塔尖的高层管理者来完成的。

在现实世界里，一个大型组织的战略可以理解为一个共同创造的过程。而在这个过程中，一方面有着高层管理者团队内部成员之间的互动和创造，另一方面也包括战略执行者在与高层管理者的互动当中，在某种程度上介入了战略的生成和改变的过程。

此时，决定组织工作成效的最关键因素，并不是只有高级管理人员才是管理者，所有负责行动和决策而又有助于提高机构工作效能的人都应该像管理者一样工作和思考。

这么做，对于管理者而言，尤其是高层管理者，的确是个不小的挑战。自己的权力削弱了，甚至是放弃，没有点胸怀是做不到的。

正如"灰度等级"的概念所描述的：照片能呈现的灰度等级越多，画面的层次就越丰富。同样，现实的管理灰度，越复杂宏大的项目，管理起来灰度的层级就越复杂。

不过，有经验、能力强的领导者掌握好了管理的灰度，就能掌握好管理的节奏；轻重缓急，安排得井井有条，再复杂也不至于乱了分寸。

任正非认为，宽容是领导者的成功之道。任何工作，无非涉及两个

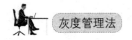

方面：一是同物打交道，二是同人打交道。不宽容，不影响同物打交道。但是，任何管理者都必须同人打交道。

人与人的差异是客观存在的，所谓宽容，本质就是容忍人与人之间的差异。不同性格、不同特长、不同偏好的人能凝聚在组织目标和愿景的旗帜下，靠的就是管理者的宽容。

拥有宽容的胸怀，是"灰度管理理论"的核心。

实践证明，做大事的人不能太玲珑剔透，胸怀宽广才能成就大事。俗语道："宰相肚里能撑船。"要成为一名好的宰相，必须拥有宽大的胸怀，能容天下难容之事。

此之谓胸怀，是人生的志向和抱负，是一个人对待世界万物的气量和风度。

夫英雄者，胸怀大志，腹有良谋，有包藏宇宙之机，吞吐天地之志者也。即使寻常百姓，胸襟开阔也非常重要，不论是对待外人，还是对待亲人，都要有胸怀。

曾国藩有句至理名言："富贵功名，皆人世浮荣，惟胸次浩大是真正受用。"社会阅历告诉我们，心胸宽广可以招来福分，而心胸狭窄则会招致怨恨。

读《史记·齐太公世家》，齐桓公与管仲之间原有生死之仇，后来竟成君臣模范，为何？

因为鲍叔牙的一段话，点醒了欲成霸业的齐桓公。鲍叔牙说："我有幸能够跟随您，您终于登上君主之位。您尊贵的地位，我无法再帮助您提高。您若只是治理齐国，那么有高傒和我辅佐您就够了。但您如果想称霸天下，非得管夷吾不可。管夷吾在哪个国家，哪个国家就地位重要，不可失去他啊。"

齐桓公终成第一位春秋霸主。告诉我们的道理也是明晰的：欲成大事者，必有大胸怀；即便是仇人，有才便可用。

齐桓公对和自己有生死之仇的管仲不仅是宽容，而是包容之境界了。而对于管理者而言，有什么比生死之仇还要刻骨的呢？宽容是胸怀，包容是格局。一切都是围绕共同的目标，成就共同的事业。

企业是功利组织，如果不能把三教九流之辈包容到组织中，去掉他们身上的不良习气，改掉他们身上的缺点，那是管理的失败；如果把这些三教九流之辈用好了，改造好了，给野马套上笼头，他们就可能是组织中最具战斗力的一群人。然而，重要的前提是包容和宽容，要给一个人最大的个性发挥和施展的空间。

学学任正非吧，不妨灰度一点，给员工纠错的机会，给年轻人成长的机会。

妥协与批判，灰度管理的情感共振

《华为灰度管理法》的作者冉涛在一次访谈中讲到一个值得关注的现象：任正非提出"开放、妥协、灰度"之后，华为一些优秀人才成长很快，30出头就成了很多领域的一把手，甚至是海外公司的总经理。

这看起来是好事，而任正非却发现了隐忧。因为年轻人成长太快，经历不够，做事情比较冒失。于是，就有后面的警示：要做一个成熟的将军，就要开放，不要老觉得自己很牛，适当时候要学会妥协。

在任正非看来，放弃、妥协是最高程度的竞争。将军只解决一个问题——进攻，但是元帅要解决退让的问题。所以，他告诫年轻干部要学会妥协，不是说什么事情一条道走到黑就是对的。

的确，灰度是一种折中的智慧，妥协则是一种变通的智慧。客观地讲，灰度与妥协是管理者的必备绝学，一个不懂得在执行中适度变通的管理者，其管理工作是很难顺利展开的。

灰度管理是一种境界，要真正领悟妥协的艺术。所以，真正意义的灰度管理，一定要学会宽容，保持开放的心态。该妥协的妥协，该批判的批判。怎么来，就怎么去。优秀的企业拥有大家庭的坦诚与真诚。

2004 年，在《要从必然走向自由》的文章中，任正非指出："世界上只有那些善于自我批判的公司才能存活下来。因此，英特尔公司前 CEO 安迪·格鲁夫的'只有偏执狂才能生存'的观点，还应加上一句话，善于自我批判，懂得灰色，才能生存。"

任正非的观点朴素而深刻，给我们的启发就是对事情要清晰，对人要有灰度。那么，为何要灰度待人呢？

第一，看待问题要全面。第二，以目标为导向，容忍不完美。第三，人性是复杂的。

这实际就是灰度管理的思想，针对现实的灰度，采取灰度管理的技术。技术是管理者实践总结出来的，妥协与批判是重要一环。不过，任正非所讲的"妥协"其实是非常务实、通权达变的丛林智慧。凡是人性丛林里的智者，都懂得在恰当的时机接受别人的妥协，或向别人妥协，妥协是实现职业化的必要途径，每个人在这样复杂的情势中，要保持足够的宽容、妥协。

101

灰度管理之妥协是一种操作性很强的技术，做得好成事，做不好也会坏事。在华为，妥协有着极其广阔的内涵与丰富的层次。

（1）干部的妥协。在管理员工时，干部不要血气方刚、锋芒毕露。而应另辟蹊径，曲线发展。

（2）领导的妥协。在管理改进中，领导认可相对正确的，坚决反对完美主义。

（3）管理的妥协。在职业化的管理中，注重本土经验的总结，不做僵化的西方管理样板。

（4）文化的妥协。在跨国文化的冲突中，主张兼容并包到"华为企业文化"这个大家庭中来。

只有妥协，才能实现"双赢"和"多赢"，否则必然两败俱伤。因为妥协能够消除冲突；拒绝妥协，必然是对抗的前奏。

这里需要说明的是，坚持正确的方向，与妥协并不矛盾，相反妥协是对坚定不移方向的坚持。不过，方向是不可以妥协的，原则也是不可以妥协的。

但是，实现目标过程中的一切都可以妥协，只要它有利于目标的实现，为什么不能妥协一下呢？当目标方向清楚了，如果此路不通，我们妥协一下绕个弯，总比原地踏步要好，干吗要一头撞到南墙上？

任正非坚定地认为，只有妥协，才能实现"双赢"和"多赢"，否则必然两败俱伤。我们的各级干部都要真正领悟妥协的艺术，学会宽容，保持开放心态，这样就能真正达到灰度的境界，就能够在正确的道路上走得更远、走得更扎实。

任正非反复强调，灰度是常态，黑与白是哲学上的假设。所以，我们反对在公司管理上走极端，反对形而上的黑白分明，提倡系统性思维。系统性思维，既要学会妥协，同时也要坚持批判。

建立在灰度理论基础上的华为的自我批判有这样几条规定：

第一，不搞人人过关，不发动群众。

第二，更多地自我批判，不要批判别人。

第三，强调一个"真"字，实事求是。

第四，不无限上纲、无情打击，把握适度。

第五，善意与建设性是大前提。

不过，任正非也非常担忧，华为的成功靠眼睛对着客户、屁股对着老板。但今天的华为是不是还是这样一种文化？今天的华为是不是也大量存在下级总是把自己的成长与提拔，寄托在某一个上司对自己的赏识

上呢？今天的华为是不是还是那种前方作战的人有充分的指挥权、决策权和打仗的主动权呢？

这类现象的产生，没有一点自我批评的精神，是无法改变的。这几年任正非反复讲，要让听得见炮火的人来指挥炮火，千万不要出现那种前方吃紧、后方紧吃的腐败风气。

研究华为的发展，我们不难发现华为这么多年来的成长路径，得益于一个开放思维：理想主义＋实用主义＋实验精神＋拿来主义。这里关键是拿来主义，一切对我有用的都拿过来，然后一个大杂烩就是创造。

什么叫创造和创新？"1+1=2"是几千年来人类的发明，为什么还要自主创新呢？在别人的肩膀上进行拿来主义的实现，企业成长就是最小代价的实用主义，也是最小代价的成功的路径。

但是，华为要走得更远，还需要一个更具有价值的词语——创新。时代在变，一切无法预测的因素不断涌现，现在的华为绝对无法靠拿来主义生存了，何况是未来的华为。

自我批判是有方向的，就如同妥协需要原则一样。

华为的自我批判有非常清晰的方向，就是一切围绕着核心价值观去践行，这个核心价值观就是几句话：以客户为中心，以奋斗者为本，长期坚持艰苦奋斗。

华为长期进行的自我批判活动，给这个组织的每个机体、每一个人传导、奠定了一种心理基础、文化基础。这种自我批判的精神，也的确伴随华为走过了无数的激流与险滩。2009 年的一次七千人集体大辞职的变革措施，把华为推到舆论的风口浪尖。其实，这类激进的变革，在其他的企业看来是不可思议的事情，在华为却是风平浪静地渡过，而且还激起了整个组织广泛的正能量。

赞扬与激励，灰度管理的情感冲锋号

有一个段子：某公司一名清洁工，本来是一个最被人忽视的角色，却在一天晚上公司保险箱被窃时，与小偷进行了生死搏斗。事后，有人问他的动机时，答案却出人意料。

他说："总经理从我身旁经过时，总会赞美我扫地扫得干净。"且不说各种看法，但有一点值得肯定——真诚的赞美，能激发他人的无限潜能。

哲学家詹姆士曾经说过："人类本质中最殷切的要求是渴望被肯定。"心理学家马斯洛的需求层级理论也表明，渴望被人肯定是人类的一种高级需求，而赏识的过程正是肯定一个人的表现。

身为企业管理者，一定要认识到赞扬对员工的巨大激励性。

赞扬是一种肯定、一种关爱，是在发现员工身上的优点之后，给予真诚的认可。没有人不喜欢被赞扬，员工得到领导者的赞扬之后，往往会充满自信和干劲儿，从而竭尽全力地为公司做贡献。

善于赞扬员工是领导者管理智慧的体现，领导者的赞扬是员工进步的最大动力，也是员工尽职尽责为企业奉献的最大动力。

对于现在的年轻人来讲，可能更加看重情感的激励，他们更多关注企业的未来愿景。阿里巴巴的愿景是"成为一家持续发展 102 年的公司"，华为的愿景是"构建万物互联的智能世界"。

任正非的很多讲话看上去都像是一份份愿景宣言。启用郑宝用为总工程师，就是一个非常成功的案例。试想，一个 25 岁的年轻人，在成熟企业里是不可能一下子就被任命为最高技术负责人的。但是，在华为可以。郑宝用到了华为之后，任正非不仅让他当上了总工程师，而且给了他当时即便在深圳也非常高的薪酬与足够的信任。

从一个小细节就可以看出任正非对郑宝用有多么器重与信任。众所周知，任正非是出了名的暴脾气，一言不合就开怼，管你是硕士还是博士。而任正非偏偏对郑宝用，则是好声好气，信任有加。

一次开会，任正非又像往常一样进入会议室想旁听，谁曾想郑宝用直接来了一句："任总，这个会你不用参加了，我会把结果告诉你的。"任正非听罢，夹着本子真的离开了会场。当然，郑宝用也从未辜负任正非对他的这份信任，在工作上从不懈怠。

任正非的慧眼识才没有让华为失望，郑宝用凭借自己的才智帮助华为克服了一个又一个困难，将华为从原来只有 20 人的小公司一步步打造成国际化公司。

即便现在郑宝用声名不显，曾经的 002 号似乎也无人提及，但华为的成功离不开任正非和郑宝用的不懈奋斗，从一定程度上说，郑宝用成就了华为，华为也给了郑宝用散发自己光芒的平台。这是一个互相成就的过程。

沃顿商学院管理学教授亚当·格兰特曾经对从事电话服务的工作人员做过一系列的研究和试验。他发现，如果员工看到自己在工作中的成就，感受到自己工作的意义，那么他们的工作激情和工作效率就要高出

很多。

华为其实深谙其理，为大力弘扬成就认可的力量，在人力资源部之下专门设立了一个荣誉部，华为首任荣誉部部长由公司党委书记陈珠芳兼任，可见华为对奖励的重视程度。

华为荣誉部职责之一是贯彻公司"小改进，大奖励"的精神，遵照"在合适的时间，利用合适的方式，奖励该奖励的事，奖励该奖励的人"的原则，建立和不断完善荣誉奖管理制度。

不过，激励员工，仅仅靠赞扬还是不够的，只有将精神的赞扬与物质的激励有效结合起来，才是最佳的管理方略。

这方面，华为的做法就很值得借鉴。他们把激励奖项设置得比较全面，在两个层面上都会进行有效的激励。

（1）针对不同岗位：结合岗位贡献特征，设立相应的荣誉奖，不论是价值链上重要的业务人员，还是中后台的支撑人员，甚至后勤人员（如厨师），都有相应的专项荣誉激励。

（2）针对不同级别：华为在授予荣誉称号的时候，虽然中基层员工的奖励会更多一些，但对于为公司中长期发展做出贡献的管理者，也有机会获奖。比如，轮值董事长郭平也曾因为管理变革方面的突出贡献，获得过"蓝血十杰"的称号。

　　当然，这样的设计和华为CEO任正非的思想不无关系，他曾经说过："华为的光辉是由数千微小的萤火虫点燃的。萤火虫拼命发光的时候，并不考虑别人是否看清了他的脸，光是否是他发出的。没有人的时候，他们仍在发光，保持了华为的光辉与品牌，默默无闻，毫不计较。

　　"没有每一个萤火虫拼命闪光，华为就会晦暗无光。

　　"当然，包括我们这些正在闪光的小虫，也包括离开我们独自高飞的大虫、老虫、小小虫……他们都曾经做出过贡献。

　　"华为的光辉就是由数千微小的萤火虫点燃的，他们可能是研发工程师、商务经理、项目经理、会计、质量工程师、生产线工人、采购专员、翻译、文秘、客户接待员、礼宾司机……平凡的人，平凡的岗位，因为他们的存在，铸就了华为事业的基石，华为的光辉与品牌才得以保持。"

　　萤火虫理论实际上体现出华为的民本思想。表演也好，激励也罢，都是要针对全体员工，尤其是默默无闻的基础员工，他们才是华为发光

发热的真正光源。

当然，在设计荣誉激励方案的时候，肯定要做到更全面和广泛的覆盖，不能局限于核心岗位，同时也要根据实际贡献来授予，而不能局限于某个或某些层级的员工。只有这种覆盖了所有岗位和所有层级的荣誉激励制度，才会有长久的生命力。

其实，灰度管理的一个很重要的秘诀就是不吝赞扬，不惜激励。当然，赞扬不能无底线，激励不能无原则。赞扬激励往往与批判惩戒相辅相成，一张纸的正反面，前面看到的是赞扬激励，后面相应的就是批判惩戒。

莎士比亚说："我们得到的赞扬就是我们的工薪。"从这种意义上说，每个人都是别人"工薪"的支付者。管理者更应该慷慨地把这笔"工薪"支付给应得的人。

只是在具体实施奖惩机制的时候有讲究。古语云："扬善于公庭，规过于私室。"这就是一条重要的"灰度管理"方略。

"扬善于公庭"与"规过于私室"相对，指表扬别人优点的时候，要在大庭广众面前，批评别人缺点的时候，要在私下去纠正规劝。

人才的管理教育也是个"灰度问题"，当员工犯了一些小错误时，我们不能得理不饶人，要"规过于私室"。

一些领导开总结会的时候，第一句话就是"好的不讲了，我们看下那些做得不好的"。这些事有可能是一个员工几天辛勤加班、一个部门通力合作、一个团队几个月辛苦奋战的结果，就因为一句"好的不讲了"就把所有功劳和辛劳给抹去了。

为此，"扬善于公庭"就显得很重要了，人需要鼓励和表扬，通过这种方式来获取认同，人因重视而忠诚。

优秀的企业领导者深知人在不同的环境、年龄、成长阶段、管理层次下都会有着各种各样的需求，依据需求的不同，给予适宜的赞扬与激励，这就是灰度管理的优势。

没有赞扬与激励，人的需求就无法得到有效的满足。无论是管理还是赞扬与激励，其主要目的都是服务于企业的发展。

赞扬与激励，就是要把握好管理过程中适宜的灰度，促进员工完成分内的工作，创造属于自己的一份业绩。

适当的赞扬与激励可以让员工自愿拿出休息的时间来完成额外的工作，获得更多的成就。对于公司来说，蓬勃发展蒸蒸日上；对于个人来说，也可以拥有更多的精神上的成长和物质上的收获。

栽花与栽刺，灰度管理的情绪稳定剂

人心向美，都需要欣赏花，而不愿意面对刺。

可是，现实中有花的地方，就应该有刺。只有花没有刺，可以写在诗歌里，现实中或许有，但不是人人能遇到的；同样，只有刺没有花，也太冷酷了，违背了现实的多面性。那么，真实的现实是，展示花的美丽与温馨的同时，也要提醒观赏者花下面有刺的现实。

这当然是一种隐喻，这里不是谈赏花，而是讲灰色管理的道理。

的确，因为花的美丽与温馨，栽花，人们大都喜欢，因其五颜六色、芳香四溢而让人赏心悦目。栽刺，人们大都不愿为之，刺不仅不能悦人耳目，还容易扎人，所以很少有人将刺盆供于厅前室内。

"栽花"与"栽刺"，说到底是一个问题的两个方面。我们抓工作，既要"栽花"，也要"栽刺"，既有褒奖，也要批评，既让人受鼓舞，也使人受触动，这样才能把工作干得更好。

这就是管理的灰度，从实际出发，寻找动态的平衡。

任正非有一个很重要的观点，叫作"从泥土里爬出来的人是圣人"。

说实话，华为能够把几十万的知识分子凝聚在统一的旗帜下，形成统一的意志和共同的价值观，除了任正非的个人魅力之外，重要的一点就是一直坚持的灰度管理。

如果任正非拿着显微镜、放大镜，每天站在门口看每一位华为人时，任正非一定会疯掉的。华为不拘一格招揽天下英才，怎么可能用一个模子来招揽人才呢？

怎么把一群形态各异、各显神通的人才用足用好，任正非可谓煞费苦心。他对人才的定位很简单：我们不是培养和尚、圣人，我们培养的是一支军队、一支商业部队。

一支军队不会在布满鲜花的路上成长起来，只有在荆棘丛生的森林里摸爬滚打，经历无数次披荆斩棘，才能闯出一条生存之道。

当然，华为的人才也需要鲜花的芬芳，需要未来的温馨世界的导引。任正非作为企业的灵魂人物，能够针对企业的发展与人才的使用需求，懂得什么时候栽花，什么时候栽刺。

现实中，的确存在"多栽花不栽刺"的呼声，这是指在与人相处中，多说好听的，多赔笑脸，不说得罪人的话，不办得罪人的事。

诚然，栽花可以收获热烈、美好、鲜艳；栽刺，回报的可能是攻击、锋芒，甚至挂破皮肉。于是有人便以"多栽花不栽刺"处世待人，甚至作为工作准则。

如果人人都喜欢栽花，那么，这个企业的发展必然失去了原则。而人人都在栽刺，那么，这个企业的发展必然缺少希望与温情。只有在栽花的同时也栽刺，才能把握人才发展的动态平衡，让企业正常健康地发展。

我们知道战斗力是军队的灵魂，活力是组织之魂，在为组织建功立业的过程中，对华为员工来说，无论遇到花还是刺，都没有必要指责谁，更不能因为遇到花就信心满满，遇到刺就垂头丧气。

花是美好的，但是，刺是让美好存在与延展的基础。花也好刺也罢，只要坚守了公司的核心价值观，有万千种缺点，也都应该被包容。简单的黑与白，是与非，常常会使组织和个人变得狭隘。

华为在人才领域讲究管理的灰度，对人才，不用极端化的标尺去衡量。是花，绽放美丽；是刺，务实精进。

灰度管理的实践，既要栽花，也得栽刺。借用中国的一句俗语："月满则亏，水满则溢。"

（1）凡事不要说得太满。

（2）遇到某些事情的时候，分清楚轻重，只要不是原则性的，睁一只眼闭一只眼也就过去了，兴许之后能带来意想不到的结果。

（3）学会以时间换空间，做到有理也留情。

不能光栽花，特别是在企业发展的转型期，还必须栽刺。尤其是在外部环境不乐观时，必须调整内部的治理结构，以激发企业的发展活力。其中更要优化团队，让愿意干事的人、能干事情的人有地位、有价值，并为他们提供物质的激励与更高的发展平台。

栽刺有时候是不能带感情的。在优化团队时，必须遵守原则，以下这四类人，需要转岗，甚至开除。

一是贵。这种人拿着 100 万的年薪，却只能创造 20 万的价值。成本太高了，这样的人必须清退。

二是假。这种人是表演型人格，貌似积极上进，但实际上一切都是装出来的。

三是混。缺乏职业操守，每天都在混日子的人。

四是怨。这种人是"职场祥林嫂"，怨天怨地怨空气，还在团队中传播负能量。

一个企业必须勇于栽刺，及时调配好人才结构，将不适合的员工转岗或者辞退，留下真正愿意干活、能干活的人。这样，企业的团队内驱力才能激发出来，步伐一致，提升效率，实现企业的转型与再发展。

第七章
打开灰度透镜，寻找适时适地的办事策略

一个企业家，管理达到一定境界，在观察与考虑问题的时候，就会善于从多个方面、多个角度出发，然后，多重权衡去解决问题。

华为的企业精神归根溯源，都离不开一个中心、一个根本：以客户为中心，以奋斗者为本，长期坚持艰苦奋斗。

对优秀企业家、卓越企业家概括性的三句话就是：有情怀，懂江湖，通人性。

实现员工慎独，企业管理者首先要慎独，上行下效才能风清气正。

灰度思维，跳出非黑即白的认知框架

现实的世界，黑白瞬息转变。在黑色与白色之间，存在一个灰色的过渡地带。在这个地带里，真假是非、黑白曲直并没有明显的界限，是最接近于真实世界的状态。

要认清这一现象，就得运用灰度思维。灰度思维是一种融合黑白的思维，虚则实之，实则虚之，事物的对立面构成事物的一体性。也有人称之为太极思维，讲究黑白交融的智慧。

真正成熟的人，从不会将事物进行二元对立，而是懂得用"灰度思维"去看待问题。不能只用简单的模式去看待世界和个人，而应该拥抱复杂的现状，从多维的视角和宏大的时空认识世界。

一个企业家，管理达到一定境界，观察与考虑问题的时候，就会善于从多个方面、多个角度出发，然后，多重权衡去解决问题。这就是灰度思维指导下的管理实践，标志着这位企业家的管理走向成熟。

有人总结出一个人通常看待问题的思维方式，大致可以分为三个层次：

　　第一层：非黑即白，非此即彼；

　　第二层：懂得衡量，通权达变；

　　第三层：祸福转化，合作共赢。

　　处于第一个思维层次的人，就像一张黑白版画，清晰明了，却又严肃刻板。处于第二个思维层次的人，就像一幅素描，能够面面俱到，综合考量。处于第三个思维层次的人，仿佛一张太极八卦图，可以化敌为友，否极泰来。而后两种思维方式，正是所谓的"灰度思维"。

　　实际上，熟悉中国文化的人都知晓，中国人几千年的文明智慧，万事都讲"度"，一个"度"字体现了中国人最大的智慧。浅尝辄止的意思是程度太浅，无法使事物发生根本改变。

　　何为"度"？就是一个区间，就是一种黑与白、成与败之间的动态的平衡，是灰度思维空间。

　　凡事皆有度，天道忌满，人道忌全，全则必缺，极则必反。人生在世，话说太满，容易招惹祸端；情绪太满，则会伤人伤己；欲望太满，便会迷失自己。

　　很多人之所以能成功，并不仅仅在于他们分得清是非黑白，而是在于他们懂得什么叫恰如其分、不偏不倚，时刻都能找到那个平衡点。

　　一般人在考虑问题的时候，总是习惯性地用"二分法"来思考，要

么赢，要么输，或者要么做，要么不做。

而拥有灰度思维理念的人，则会适时适地把"一分为二"的思考方式，变成"一分为三""一分为四"……从而更好地解决问题。

研究表明，一个人成熟的标志之一，就是拥有灰度思维。他们有一个共性，在做人做事方面善于把握分寸，既不能太过，也不能不及，也就是做到恰如其分，每个人都承担其应该承担的责任。

有人比较了西方人与中国人吵架方式的差异，发现西方人处理吵架，通常会把对错分得很清楚。而中国人处理吵架，一般不会把对错分得太清楚，比如两兄弟吵架，要是分了对错，结果是明朗了，但是兄弟两人的心也散了。即便分出对错，即便某一方赢了，但是感情出现了间隙，又有什么意义呢？

善于处理矛盾的人，吵架双方一般都先各打五十大板，然后评理。一定要说两个都有错，两个都该骂，然后还要告诉他们，互相反省，互相道歉，互相承认错误。

这就是东方的灰度思维，讲究彼此各让一步。夫妻之间，兄弟之间，同事之间，同学之间，如果一定要分清谁对谁错，分到最后必然离心离德，尽管天天住在一起，但是有时候还不如路人。

即便你有理，即便你是对的，即便你有功，你依然不能得理不饶人。否则，即便取胜了，亲情、友情没有了，还是一个失败者。

有些人做事总是追求过程的公平，做事的过程和采用的手段必须得是公平的，但是最后的结果就不一定公平了。

而另一些人做事总是追求结果的公平。无论采用什么样的方法，哪怕是运用灰色的手段，但是最后呈现的那个结果往往是公平的。

所以，一位优秀的管理者，在与人发生矛盾时，时刻检讨自己还有哪里不足，毕竟，人无完人嘛。你应该看看自己该如何进步，甚至你要让对方能和你一起进步，这才是大格局、大智慧。

这方面，华为的做法堪称表率。任正非是当今中国最具思想力的企业家之一，他在华为公司倡导"灰度管理"，提出了一个在混沌和颤抖中把握平衡和节奏的新视角。"灰度管理"是任正非二十多年来对企业管理成功经验的积累与升华。

有人设计了这样一个有趣的历史假设，管仲去世的时候，齐桓公曾经问过管仲，你去世后有谁可以替代你做宰相，你的好朋友鲍叔牙可以吗？管仲说：鲍叔牙太过正直，太过正直就是眼睛里容不得一粒沙子，不够圆滑，因此他不能做宰相。能做宰相的人，必须具有黑白通吃的本领。

管仲是清醒的现实主义者，是一个具有灰度思维的人。他懂得世界不是只有黑与白，而应该在黑白之间寻求平衡。所以中国一直有正史和

野史之分，我们看真实的历史就必须结合正史、野史才可以更为全面。只采信正史或野史，难免失之偏颇。

拥有灰度战略思维的企业家，管理自己的企业一般都能做到以下两点：一是保持方向大致正确，二是保持组织充满活力。

这就要求我们管理企业时，待人接物不妨灰度一些，只要组织内在尤其是干部队伍始终充满活力，我们就能够应对外部环境的不确定性，不断朝着既定的方向前行，不断去克服战略过程之中的各种艰难困苦，最终实现我们心中所要达到的目标。

确实，一个企业在成长发展过程中，在实现目标的过程中，面临着各种各样的坎，有时候有些坎无法直接迈过去，该拐弯就要拐弯，该低头还得低一下头，该妥协还是要妥协，多种举措，多个路径，一切围绕企业的发展，向着既定目标前进。

实战出智慧，华为铁三角的灰度思想

铁三角概念的产生，肇始于一段故事。2006年，华为苏丹代表处一次重要的投标失败。

在一间像盒子一样的小房间里，十几个男人眼睛红红的。客户经理饶晓波把头深深地埋进手臂里，从嘴里咬出几个字来："为什么？我们为什么会输掉！"

沉寂、反思、蜕变，华为的苏丹项目代表处痛定思痛，终于找出了销售团队运作的问题，团队内部沟通不畅，信息不共享，导致不同的人跟客户反馈的信息严重不一致；客户关系很不到位；执行产品解决方案不能符合客户要求……

当然这些只是表象，根本原因在于组织架构与客户端的需求不匹配，绝大多数人还在按照传统模式运作，客户经理不懂产品，产品经理不懂交付，交付经理不涉及客户界面，每个产品部只是简单地沿用在国内的报价模式，只关注自己的一亩三分地，缺乏统一协调的整网解决方案。

既然原因找出来了，就迅速调整。代表处任命饶晓波、王锷、王海清三人组成客户系统部的核心管理团队。饶晓波统一负责客户关系，王锷统一负责交付，王海清负责产品与解决方案工作，面对客户的时候，实现接口归一化。

铁三角组织是华为构建有特色的销售铁军的根本，是基层的战斗组织，而这个战斗组织发挥出来的是一个组织的合力。"三人同心，其利断金，就叫'铁三角'吧！"

华为铁三角模式的构成体系包含两个方面：一个是项目铁三角团

队，另一个是系统部铁三角组织。前者是铁三角模式的核心部分，是华为贴近客户、感知市场变化、满足客户需求的最基本组织和一线作战单元；后者则是为项目铁三角中不同角色的功能发挥提供资源支持，以及为项目铁三角团队的业务开展和能力培养构建平台。

一个成功的铁三角组织需要具备以下两方面的能力。

对外，具有洞察客户需求、发现线索并挖掘机会点、提供全周期全方位问题解决方案、管理客户需求和客户满意度、进行项目交付与服务等面向客户、创造价值的能力。

对内，具有角色认知、经营管理、资源的获取整合与优化配置等方面的充分发挥和协同各功能部门价值的能力。

这种组织合力的难点在于持续构建优秀的人才。通过一系列的改变，华为实现了良性循环，那就是在人才供应链上加强指令性分配，在做强做大客户界面上有三个角色的配置，这三个角色各自的职能又非常清晰，相互协同，可以发挥一线呼唤炮火的作用，实现面向客户界面的做厚作用，因此华为铁三角组织的打造获得了很大的成功。

当然，这样的调整可以从多个角度来解读。不过，任正非的灰度管理思维的影响是很显著的，铁三角是在开放、妥协的思维指导中形成的。

《华为基本法》中有很多这样的句式"既要如何，又要如何……""不仅包含，还要包含……"，这其实就是既对立又统一的辩证思维。

也就是围绕客户的需求，既要客户经理服务，又要产品经理支持，还要交付经理配合，三位一体，成就项目，服务客户。这里，不仅包含客户经理的热情，还要包含产品经理的智慧，以及交付经理的技能。

事实证明，铁三角架构非常成功，迅速地提高了效率，促进了项目的落地与企业的发展。

代表处逐渐建立了团队文化和情感，再加上制度的牵引，客户经理、产品经理、交付经理等角色很快融合在一起。他们一同见客户、一同交付、一同办公，甚至一起生活，面对客户的时候不再七嘴八舌、各执一词。不但如此，大家通过融合，还逐渐了解对方领域的知识和技能。

成功的铁三角模式迅速在华为内部推广，形成星火燎原之势，广泛应用在公司业务开展的各领域、各环节。

铁三角成员在面对客户时，代表的不仅是客户关系、产品与解决方案或者交付，更是代表客户诉求和价值成长。

不过，清醒的任正非认识到，铁三角并不是一个三权分立的制约体系，而是紧紧抱在一起生死与共、聚焦客户需求的共同作战单元。其目的只有一个：满足客户需求，成就客户的理想。

华为的做法，实际上是回归人性，即管理要清晰地认知到人性的诉求。管住人性的恶，通过善的制度，构建起员工与企业的命运共同体。

华为的企业精神归根溯源，都离不开一个中心和一个根本：以客户为中心，以奋斗者为本，长期坚持艰苦奋斗。

而"项目铁三角"就是为了贯彻以客户为中心而设立的跨职能部门的核心管理团队，由客户经理、解决方案专家和产品交付专家共同组成。

这个三位一体的小团队与用户的连接最为直接，是华为的一线决策者，其宗旨是以最快的速度响应市场的"炮火"，为用户提供最快最优的服务。

"以客户为中心，以奋斗者为本"，一个是外部导向，一个是内部导向；一个是目标层面的核心价值主张，一个是途径层面的具体方法。二者相互支持、相互配合，共同构成了灰度的黑、白两面。

任正非曾指出，以客户为中心，以奋斗者为本就是两个矛盾的对立体，它们构成了企业的平衡。

就战略而言，"一个清晰的方向，是在混沌中产生的，是从灰色中脱颖而出的，方向是随时间与空间而变化的，它常常又会变得不清晰。并不是非白即黑、非此即彼。"

就战术而言，"方向是坚定不移的，但并不是一条直线，也许是不断左右摇摆的曲线，就某些时段来说，还会画一个圈，但是我们离得远一些或粗一些看，它的方向仍是紧紧地指向前方。"

"事上练"，创造机会展示自己的才华

"事上练"是王阳明重要的教育主张之一，源于反映其教义的重要主张著作《传习录》。这本书是记录明代哲学家王阳明的语录、论学书信的简集，为阳明学派的启蒙典籍，流传甚广。"传习"出自《论语》中的"传不习乎"。

《传习录》中有一段记载王阳明与弟子陈九川的对话。陈九川学识渊博，做事却十分慌乱。为此，他感到不解，就去请教王阳明："平日里感觉自己学的知识都能掌握，但一遇到事，就乱了手脚，这是为何？"王阳明笑答："人须在事上磨，做功夫，乃有益，遇事便乱，终无长进。"

古语云：刀在石上磨，人在事上练。的确，人的成长是锻炼出来的，而不是靠道理教育出来的。

懂得道理的人，未必就能够按照道理所要求的那样在生活中实践，一个人明白一些东西，并不代表他真正掌握了这些。

说得好，不如做得好，于是我们常常能够在生活中看到一些人嘴巴上的言辞一套一套的，说得特别委婉与动听，但从来就不会干出一点实实在在的事，长此以往也就难以获得他人的取信。

无论怎样，不要做语言的巨人、行动的矮子。

黑与白很容易辨别，可识别"灰"就难了。黑白之间是有个灰，而且这个灰度还非常丰富，从白变黑中间，灰度有 300 多种。

同样，生活中的灰度，没有经历风浪与丰富的历练，是无法识别与理解的，更何谈运用呢？

怎么办？只有一个办法，"事上练"。

年轻的时候遇到事情，总会手忙脚乱，总会顾此失彼。年长几岁，慢慢有了定力，再遇到事情，就会率先升起一个觉知：遇到的所有事情，都是恩典——清风明月宜怡情养性，繁杂琐碎才是磨炼心灵的无上法宝。

讲理论的时候，每个人都能侃侃而谈，落实到具体生活，是否知行合一，这才是真正的检验。王阳明说事上练，练的是心，练的也是能力，同时练的更是定力和智慧。

王阳明一生剿匪剿叛，救万民于水火，可谓功高名盛。他创立心学，著书立说，可谓立言。他一生践行知行合一致良知，启迪无数人，激励无数人，可谓立德。王阳明的思想中最重要的除了心即理、知行合

一、致良知外，还有一个不为人所熟悉的思想，那就是"事上练"。

所谓"事上练"，就是学习领会到了知识，一定要通过实践、做事去练习、去锤炼，才能真正掌握事物的真理。

现实中的确有一类管理者，喜欢到处学习，学历确实不低。他们也知道好的企业怎样怎样，但是，不知道好的企业实际的管理细节与灵活变通。

他们喜欢找一些咨询公司搞一些"概念包装"，觉得灰度管理很新奇，体系完备，拿来就用，好像有了新"策略"，有了新"概念"，有了新"理论"，自己的企业就像华为一样卓越不凡了。

的确，灰度管理的理论新鲜，也颇具体系。但是，管理者不调研自己的企业，贸然把这些新理论拿出来各种折腾。这样的企业如何才能出众呢？

事实上，灰度管理是讲科学的，需要长时间的积累与沉淀，需要对细节的严苛打磨与追求，日积月累才能有所突破。

企业管理者，尤其是接盘的年轻的"企二代"们，需要加强基础管理的能力训练，而不是一开口就是理论与宏观概念。更有甚者，一些职业经理人专门靠新奇的概念与理论忽悠，打一枪换一个地方，有技艺高超者，收入甚至会让人瞠目结舌。

这类管理者，需要真正意义的"事上练"。学习是好事，但是，实

践更重要，在实践中学习则是重中之重。

当然，我们也不要走向另外一个极端，把"灰度"管理变成了"黑色"管理；水至清则无鱼，同样的，水至浊也无鱼。

如何拿捏这个"度"是需要每位管理者去思考的，不断去尝试、突破自己的舒适区、突破团队的舒适区，不仅你个人会更好，你的团队也会给你带来惊喜。

还有一种值得关注的"富二代"创业。有人把因管理不善造成的效率低下、好高骛远的企业发展现象称为"富二代创业现象"，主要表现：业务主管没有精打细算的经营意识，上来就是追求业界TOP的目标、大格局、大境界，投入上讲究大手笔。

这种追求大而全的"富二代创业现象"的根源有以下两点：

第一，公司确实底子厚了，资源丰富了，一些人对于小生意看不上了。第二，现有的分配和激励机制，使得主管对人均效率提升没有任何动力。

所以管理者在工作中首先要避免"富二代"思想，不要盲目铺摊子，自身在效率和费用上要有约束；同时企业一把手在解决此类问题时，治标更要治本，找到问题的根源，建立合理的机制，从源头上解决问题。

这类好高骛远的现象，不是一个企业的通病，很多企业都曾经出现过，只是，有些企业很快意识到，及时扭转了。华为曾在创新的道路上，盲目地学习与跟随西方公司，有过很多的教训。而任正非不简单，他及时发现了问题，并予以纠正。

善于譬喻的任正非，用了一句很粗俗的话："我一贯主张'鲜花是要插在牛粪上'。我从来不主张凭空创造出一个东西，好高骛远地去规划一个未来看不见的情景，我认为要踩在现有的基础上前进……世界总有人去创造物理性的转变，创造以后，我们再去确定路线。我们坚持在牛粪上去长出鲜花来，那就是一步一步地延伸。我们以通信电源为起步，逐步地扩展开。我们不指望天上掉下个林妹妹。"

话糙理不糙，华为长期坚持的战略，是基于"鲜花插在牛粪上"的战略，是从不离开传统去盲目创新，而是基于原有的存在去开发、去创新。鲜花长好凋谢以后，零落成泥，又成为新的牛粪。华为要永远基于存在的基础上去创新。

有人说，对优秀企业家、卓越企业家概括性的三句话就是：有情怀，懂江湖，通人性。

所谓有情怀，就是立意高远，有远大的目标追求，有高境界；同时，又懂江湖，懂人情世故，接地气、务实。情怀是天，江湖是地，要打通天与地，靠什么？靠人，通人性。通人性就是了解人性，有同理心，善解人意，内心充满人文关怀。

任正非就是一位对情怀、江湖、人性均通晓的行家、大家、战略家。他带领的华为始终用"灰度"的思想在各项实践上磨炼。比如，公司设计自身所有制的实践，正确处理本土化和国际化的实践，如何正确对待客户、竞争对手、供应商的实践，内部管理上正确处理质量与成本、拿合同与保进度的实践，处理守成与创新的实践，处理员工身份的实践，处理人事制度变革的实践……都坚持了"灰度"的思想。

"事上练"成就了华为，"灰度"思想是任正非遨游世界商海的重要"法宝"。

慎独，在没有督促的情况下把工作做好

"慎独"语出《礼记·中庸》："君子戒慎乎其所不睹，恐惧乎其所不闻。莫见乎隐，莫显乎微，故君子慎其独也。"

意思是说一个人在独处，无人监督之时，更要谨慎做事，自觉遵守道德准则，遵循内心教养，严以律己。"慎独"是儒家修养的最高境界，也是君子人格的集中表达，而这与灰度管理有什么关系呢？

《中庸》关于人的自我修为的原则有三：一是慎独，二是忠恕，三是至诚。对照一下，可以说这和灰度管理的开放、妥协、宽容的核心思想有异曲同工之妙。

慎独，要求人在自我修养的过程中，坚持自我教育、自我监督、自我约束。从企业管理的角度来看，就是通过不断思考和抉择，选择最适合企业发展和生存的道路，即企业的使命和方向。

慎独之于忠恕，是一体两翼，服务于人的自我修行。将心比心、己所不欲勿施于人，体仁而行、并行而不相悖。

在灰度管理中，最重要的思想就是通过妥协来达到企业的均衡发展，妥协的前提是了解和理解；妥协也不是无原则的退让，对于方向和原则性的问题是坚定不移的。妥协的内涵应该超越简单的让步，适度和理性的妥协是一种智慧，也是一种前进的方法和原则。

当然，灰度管理，首先要管理好自己。管好自己，即为慎独。曾国藩说，慎独则心安，能慎独，则内省不疚。做人就该如君子一般，为人正直，做人坦荡。

慎独的人，仰无愧于天，俯无愧于地，行得正坐得端，自然是无所畏惧。

对企业管理而言，某个员工不够慎独，沉沦了，也就是个人成长和发展受影响，最多就是大家小家两个家庭跟着受罪。可是，一个企业的管理者不慎独，犯了错，那可不是一两个家庭遭罪了。

但事实是，少有管理者愿意天天赶着去自我管理和自我约束，除非

真拿自我约束当乐趣。所以说，古人强调君子慎独。

人都会犯错的，这就是人性。不少的管理者还是比较清醒的，会有意识地引入监督机制，来确保自己至少不会退步、不会堕落。

真正意义的最上乘的监督机制是关于信仰的：你真相信头顶三尺有神明，你真信善有善报恶有恶报……其次是公序良俗，再次是法律法规。

慎独，即文化的信仰。是儒家所要求的君子人格的彰显。

宋代大儒袁采认为慎独即处世无愧于心。也就是做人做事要无愧于心，与其行宵小之事，惶惶不可终日，不如大方坦荡，活得清明高洁。

一个人对原则的坚守，可以让人看到他背后的修养、慎独，不是怕丢人，而是怕丧失人格。

几千年来的中国统治者采取外儒内法的治国之道，内法的目的就是达到对外的道德自觉，一个企业管理的最高境界是人人慎独。

一个人在没有监督的情况下，也能严格按道德标准来要求自己。实现员工慎独，企业管理者首先要慎独，上行下效才会风清气正。

慎独是管理的理想目标，是中国传统文化中儒家文化所期盼的理想社会状态，也是一个国家中人民思想素养的最高诉求。

有人把管理分为三个层次：人治、法治和心治。企业如果只处于第一种管理层次和第二种管理层次，就无法实现基业长青。

心治，即治心；即坚持以人为本，以文化为核心，以制度建设为依托，以战略为支撑的管理模式，慎独是其最高境界。

管理中发挥最主要作用的，作为管理主体和最主要客体的都是人，有效的管理离不开优秀的管理者。管理理论是以不同的人性假设为基础的，因此在现代企业管理模式探讨中，可以将人的观念到结果的因果链作为着手点。

当然，在具体运作中，人治、法治、心治三种模式是并存的，最重要的是重心放在哪里。企业管理不能太死板，要脱离教条主义，要灵活。灵活取决于什么？就是灰度。

现代企业管理的人治、法治、心治模式，"人"是关键因素。而企业最高领导层改善基于自身学识、教育经历、个性特征、工作经验等众多因素形成的特定价值观、思维方式和行为习惯，提升自身素质，从而促进管理活动的有效进行是重中之重。

慎独，主要取决于两头，慎初与慎终；儒家知识分子追求"慎终如始"，但慎初容易慎终难。

初始与结束之间，就是灰度，也是最容易懈怠与变化的。"慎终如始"，不仅仅是一种态度要求，也是一种技术要求；出发的时候，就要把结束规划好。

古人云"举大事必慎其终始""靡不有初，鲜克有终"，做事情没

有人不肯善始，但很少有人能够善终。"慎终如始，则无败事"，对待任何事情自始至终都应慎之又慎，这样才不会出现差错，以致功败垂成。

另外，"慎友"是"慎独"的逻辑衍生，"慎独"必然要求"慎友"。《荀子》说过："君人者不可以不慎取臣，匹夫不可以不慎取友。"企业管理者手握权力，可供支配的资源巨大，交友一定要慎重。

要注意识别动机，亲君子，远小人；把握交往尺度，亲益友，远损友。把好交友关，谨防落入圈套，既是对自己负责，同时也是对企业的发展负责。

第八章
统御有方，以灰度推动目标管理与执行

把"灰度"作为一种态度，一种对于现实认知、妥协、宽容与自我批判的态度，这是对于灰度的深度解读。

决策追求黑白，执行讲究灰度，在华为的管理实践中体现得非常典型。华为的发展注重运用灰度管理理论指导自己的各项实践工作。

普通人追求安全感，高手却拥抱不确定性；管理的高手总是在不确定中寻找确定性，又会在确定性中追求不确定性。

执行就是行动，就是下定决心，排除一切干扰，想尽一切办法，用最快的速度去达成目标。

态度灰度，目标清楚

认知灰度的角度很多，无论是科学的，还是人文的。但是，灰度的的确确存在着，从科学到人文，灰度逐渐成为一种企业管理的概念与方略。

把"灰度"作为一种态度，一种对于现实认知、妥协、宽容与自我批判的态度，这是对于灰度的深度解读。在这个复杂的世界中，没有任何一个人的标准与价值观是那个最正确的选择，只有不断反思，不断思考自己的行为与决策，有可能会出现不甘心，可那一定是属于自己的灰度决策的实践之路。

实际上，灰度跨越了黑白，是黑白的一种叠加，所以是一种更广阔更高级的状态。任正非认为灰度是常态，黑与白是哲学上的假设。所以他反对在公司管理上走极端，而是提倡灰度思维，提倡系统思维。

面对复杂的企业管理，很多场景下我们无法态度鲜明，可能需要灰度一些，等调查与研究到了一定的程度，方向就自然而然地明晰起来了。

明晰是结果，灰度才是过程；过程是常态，结果只是一种标识。但是，结果是方向，是目标。所以，做企业管理，态度要灰度，目标要清楚。

态度灰度是遇事宽容、妥协，目标清楚是无论怎样的灰度，都以结果说话，以成就彰显结果。

从心理学的角度而言，态度来源于人们基本的欲望、需求与信念。不过，态度一旦形成，可以以两种形式存在：外显态度和内隐态度。外显态度是指我们意识到的并易于报告的；内隐态度，是自然而然的不受控制的而且往往是无意识的评价。

华为的灰度管理就是有意识地去培养员工积极的心态，给每个人每个组织一个清晰的目标。在不同的场合要求把目标大声说出来，告诉别人，也是告诫自己，坚持就是胜利。每天进步一点点，坚持就能带来大改变；想要蜕变，就要坚持住。

这样，一群怀着共同目标积极向上的人一起行动，大家共同发力，你追我赶，为企业创造价值的同时，成就自我。

华为公司为人才的发展提供了足够的空间，鼓励相互追赶，引导员工向比自己更优秀的人看齐；对标比照，尝试去挖掘自己的优势，试着去链接那些行动力超强的人，从而给自己带来更大的帮助。

态度要诚与恒，目标要真与明，灰度管理才有落脚点。

目标是行动的开始。只有目标明确，做事才能专心致志、集中力量，才能表现出克制举棋不定、心神不安的顽强毅力。

企业计划未来时，当然要有远大的目标。远大的目标可以使人有盼头，更有信心专注地把握此时此刻，做好当下；只有做好当下，才能成就未来。想要实现计划好的未来，就要付诸行动；从身边的事做起，做我们应该做和想做的事。

当然，目标清楚，不仅仅是指了然在胸，还要切合实际。用任正非的话说，任何目标都必须是可执行的，任何缺乏执行性或者无法达到的目标，都毫无用处。目标并不是越大越好，一旦遥不可及，就可能成为负担。

任正非多次承认："我没有思考什么远大的理想，我正在思考的不过是未来两年我要做什么，怎么做。"对任正非而言，这个两年目标实际上就是一个比较切合实际的计划，也是比较容易控制和实现的。

正因为这样，华为的员工们也都有明确可执行的工作目标，都明白自己要做什么。在执行目标时，他们通常根据具体的工作过程，按照基本的流程设定相对独立的工作步骤或工作单元，制定三个量化指标：时间、数量、质量。

华为的灰度管理，很重要的一环是目标管理的艺术。《华为目标管理法》研究了华为制定目标的原则，具体说来，包括五个方面：

其一，目标必须是具体的。明确而具体的目标能够提高绩效，因为目标的具体化本身就是一种内在的推动力；困难的目标一旦被人接受会比容易的目标带来更高的绩效；有反馈比无反馈更能够带来高的工作绩效。

让目标明确的"六何法"：何因、何事、何地、何时、何人、何法。

达成目标不是"想要、争取、尽力、试试"，达成目标是"一定要、全力以赴"。

其二，目标管理必须是可以衡量的。（1）能量化的尽量量化。三个关键量化指标：时间、数量、质量。（2）不能量化的尽量细化，管理就是要可衡量。（3）不能细化的尽量流程化。过程正确，结果才可能会好，过程不可控，结果一定不会好。

绩效考核需要做到可衡量，但可衡量并不一定代表要量化，面对那些难以量化的考核项目，可以考虑通过工作细化和流程化的方式来做考核。

所以，绩效考核绝不能为了考核而考核，更不能陷入量化的误区。

其三，目标必须是可以达到的。企业高层管理者根据企业的发展战

略与企业所处的具体经营环境，制定企业的总体经营目标，也就是我们所提的宏观目标。一般来说，制定企业的宏观目标需要遵循以下原则：方向明确，令人鼓舞；年度目标必须量化、质化、可被分解。

在确定目标时必须要考虑的方面和内容有：公司未来5至10年的奋斗方向，和竞争对手的互动关系，全体员工必须认同的价值观，可以量化质化的决策和计划，建立企业文化和团队的依据，各级员工思想和行为的准则……同时，要把总目标层层分解，在分解目标时，要将目标分解为可执行的小单元。

其四，各目标之间要有关联性。个人目标与企业目标紧密融合，要把公司的利益与员工的个人利益紧紧绑在一起。

让长短目标紧密结合。一个战略要想成功，就必须把特大目标与小步子结合起来。只有这样，团队成员才能有热情，才能更好地迎接可能出现的挑战，在实现短期利益的同时，为组织的长期发展奠定基础。

其五，目标设置要有时间限制。该做的事马上去做，要努力做到以下几点：

（1）在工作中态度要积极主动；

（2）要学会立刻着手工作；

（3）要善始善终，不能半途而废；

（4）永远不要为自己制造拖延的借口；

（5）要把创意和行动结合起来；

（6）永远不要等到万事俱备的时候才去做。

决策的黑白，执行的灰度

灰度是一个阈值，企业管理就是要企业家把握好这个阈值。具体问题具体分析，针对不同的人、不同的事情，找到这个阈值的每一个人、每一件事的一个恰当的点，执行起来才能顺风顺水。

这并不是说执行就不需要原则，而是具体到事情，做决策时可以黑白清晰，但执行需要妥协与灰度。

决策就是一个判断。在形成最终决定时必须敢于拍板，要有一个黑白分明的选择，不能模棱两可；干还是不干，往哪个方向干，越简单越清晰越好。而在实际的执行中，需要考虑当时的各种情况，在这个决策定下的大方向上，有一定的弹性执行空间。

事实上，认知能力越高的人，对世界的理解就越有灰度。因为，他能够看到更多的社会现象与层面。也就是阅历丰富，经验才丰富；丰富的经验造成人做事情瞻前顾后。

　　决策是不能有灰度的，必须在两难中果断拍板、非黑即白。有人称之为"黑白决策"。

　　企业的发展就好比一根被决策串起来的线，一个好的决策会指引企业逐步走上巅峰，一个不好的决策则会让企业不知不觉走下坡路甚至跌入深渊。

　　当然，人的认知是有差异的；认知的差异，带来了决策的不同。但是很多时候我们无论认知多高，面临的是必须做出决策。所谓黑白决策，并不是对和错、好和坏的决策，而是指两个或多个都可行的方案的优势选择。

　　法国学者伊夫·莫里欧与彼得·托尔曼合著的《黑白决策》，认为世界的真相往往是灰色的，世界上没有那么多非黑即白；但选择一定是非 A 即 B 的，没有第三个选项。

　　黑白决策的理论与方法涵盖了社会科学与经济学两大领域，以帮助读者面对更多复杂性问题。无论是个人成长还是企业管理，都需要我们具有黑白决策的能力，这是一种在混沌中清晰思考、敏捷决策的进阶思维。

　　《黑白决策》的两位作者对决策做了深度研究，共介绍了六条决策法则，即波士顿决策法则的六大支柱，缺一不可，多一也不可。

法则一：了解个体行为规律。企业管理者要真正去理解员工行为，尤其是关注到行为变化的层面，出现问题要分析原因，及时予以补救。

法则二：注重整合的作用。企业管理者要增强各个部门的互动，增进他们相互之间合作的意向，强化整合者的角色，使组织中的各个成员在相互协作的过程中获益。

法则三：提高可控因素的总量。企业管理者要思考如何去创造新的权力，而非仅仅转移现有的权力，从而使企业有能力去有效动员人们来满足复杂性挑战中的多重绩效指标要求。

法则四：多元化目标与自主性环境。企业管理者要创造出高效自主性的工作环境，来确保人们保持个体自主性并投入服务集体的工作中去，从而解决复杂性问题。当然，可以通过设立多元化目标、消除内部垄断、移除部分资源等方式来达到这一目的。

法则五：展示行为的未来隐患。要利用时间的自然力量来建立直接的反馈循环。在驱使人们做好当下工作的同时，还能确保一些对后期有深远影响的绩效指标要求得到满足。

法则六：建立间接反馈循环。这一法则从根本上改变了从目标设定到评估的整个范围内的管理方式，使个人乃至团队发展成具有信息透明化、开拓创新性以及壮志雄心的企业成员。

研究这六条法则，可以看出作者的用意还是希望通过这六条法则来创造一种大环境。在这种环境下，每个人将能够最大限度地在组织中发挥自主性，做出判断，投入精力，并利用这种自主性来服务企业。

让企业管理者用一种更有效的方式去组织和管理人员，使相互协作成为有利于个体发展的行为。

不过，决策的清晰，来自思维的判断。每个人的思维都有一个过程，始于混沌，清晰思考，敏捷决策，高效行动。

只知道一种思维的人，就是不会思维。只知其一，不知其二，就没法对事物有整体的认识，也不可能在恰当的时候调整不同的选择。

中国文化讲究阴阳变化，"一阴一阳之谓道"。一个好的经营者，就要善于使两个极端不停地相互转化。

孔子说的"从心所欲不逾矩"是人生的最高境界。随心所欲地做事做人，却也不会违背世间、社会的规则，不会冲撞到他人。"从心所欲"对应任正非说的"获得自由"，"不逾矩"对应他说的"发展"。

"叩其两端而执其中"，这是中国人的中庸智慧。《论语》《大学》和《中庸》，多个地方提到了"执两用中"。"执两用中"指做事要根据不同情况，采取适宜的办法。领导的艺术，就是权变的艺术，是依据现实的灰度做出判断，形成决策；考虑实际情况，灰度执行。

无论是企业领导者也好，还是各级管理者也罢，在没有呈现出最终结果之前，其决策的准确性都是有待验证的；要想有效地降低失误的可能性，领导者需要善于运用灰度的力量。

决策追求黑白，执行讲究灰度，在华为的管理实践中体现得非常典型。华为的发展注重运用灰度管理理论指导自己的各项实践工作。

华为管理者从灰度管理中获得了智慧、策略与信心，逐渐从混沌中明确正确的方向，并能够朝着一个个正确的方向大步前进。

在不确定中拿捏好灰度，执行时顺风顺水

关于灰度的理解有很多种说法，有一种很简约的直接触及灰度本质的说法，那就是现实世界事物的不确定性。在现实世界中，存在太多的不确定性，这与世界的"变化"之本质有关。

世界著名作家、大思想家斯宾塞·约翰逊曾经说过："世界上唯一不变的是变化本身。"也就是说，生活中的一切都是变化的，没有什么是永恒不变的。我们需要接受变化，并且要学会适应变化。

不过，变化可以是积极的，也可以是消极的；但不能因为世界永恒之变就裹足不前。

我们都要学会去接受它，并且要学会去利用它；要适应变化，改变变化，就需要拿捏好灰度。因为变化可以带给我们新的机会，也可以让我们有机会去改变自己，去实现自己的梦想，去拓宽自己的视野，去探索新的世界。

需要的是拿捏好变化的尺度，让我们有机会去改变自己，去成为更好的自己。这个尺度，就是现实的灰度。

世界的发展是不确定的，我们要接受世界的不确定性。不管是感情还是工作中，我们的辛苦努力，有时候不一定会带来意料中的回报。

当然，我们出于本能去追求确定，因为只有确定了才有安全感。当我们能够接受不确定性，也就能够接受失败，这就意味着人自身的成熟。

在华为成长起来的邹勇，曾经在《华为人》报第 246 期书写自己的经历："有一年，我连续负责了几项重要的工作，但由于个性太直，得罪了身边不少同事。我本来想着当年的考核会因此受到较大的影响，但后来发现主管不但没有计较，还为我申报了金牌奖，虽然后来没有被评上，但我对主管的宽容相当感激。主管对我说：'你虽然个性鲜明，但优点也突出，不计较一时得失，主动、执着，不挑任务，一旦认定目标，就一定会做到。这种品质值得欣赏。'主管这种对事不对人的管理风格深深地影响了我。每个员工都有自己的特点，有能力的人往往个性也很鲜明。我从我的主管那里学会欣赏员工的个性，发现其优点，通过引导，将会创造出让人意外的价值。我后来当主管时，也经常提醒自己不要以偏概全，不要因员工的某些缺点而否定他的工作。"

邹勇的成长故事，也是华为灰度管理的典型案例。无数个华为人，拿捏好灰度，在执行时实事求是，给人成长的机会与空间，实现培养人、成就人的目标。

传说古代训练大力士有一个方法。他们让小孩子每天抱着刚出生不久的小牛犊上山吃草，小牛犊往往十多斤重，孩子们完全能轻松胜任。但这才只是开始，孩子们需要每天都抱着牛犊上山吃草。

就这样，随着牛犊一天天长大，孩子们的力气也越来越大，最后牛犊长成几百斤的大牛时，这些孩子们也成了力能扛鼎的大力士。

这虽然是一个故事，但是，其中寓含的道理是深刻的。人的成长变化与牛犊的变化同频，牛犊的长大成就了人的力量。这个同频，就是灰度的智慧、灰度的节奏。

故事的设计者就是一个懂得灰度的人，在变化中拿捏好节奏，在积

累中改变自己，成就自己。不积跬步，无以至千里。很多时候，别小看那一点点的变化，只要你坚持下去，当能量积聚到一定程度的时候，结果是惊人的。

学者王育琨在《任正非找北》一书中，曾经赋予了任正非灰度哲学的三个定理，三个定理是对拿捏灰度的最好的演绎。

第一个定理：个人和人类的未来有无限的可能性。每个人有无限的可能性，每件事有无限的可能性，每个当下有无限的可能性。开启公司无穷的创造力：以每个人为原点，连接巨大无限的可能性。

第二个定理：一切都在反转，一切都在生成。灰度即反转，灰度即无限。未来发生的概率或强化或弱化，取决于当下如何拿捏动态平衡。叩其两端而执其中，执两用中。

第三个定理：人生为一件大事而来，就是要把自己这块材料铸造成器，把还没有表现出来的天赋潜能，开发出来让其发挥作用，解决人世间的痛点。从未来前进到当下，以当下拿出大美绝活儿的确定性，穿越未来巨大的不确定性，应对各种危机。

灰度管理的魅力在于执行，立即去做
该做的事情

灰度管理的三阶段：认知、决策和执行。有学者将之归纳为：彩色认知、黑白决策、灰度执行。

彩色认知是多维度的认知，黑白决策是清晰的决策，灰度执行是富有弹性空间的执行。三者之间的关系，认知是"势"的层面，决策是"道"的层面，"执行"是术的层面。当然，核心的是"彩色认知"，只要认知足够深刻，后两者就是自然而然的结果；而决策是一种可培训的能力，可以在实践中形成一套适合自己的方法论。

我们知道人的认知能力与人的认识过程是密切相关的，可以说认知是人的认识过程的一种产物。所以，对于现实的灰度的了解，影响着其决策的明晰与执行的灰度。

不过，决策也是一个复杂的思维操作过程，是信息搜集、加工，最后做出判断、得出结论的过程。如果认知不全面，决策不可能准确，执

行也就难以恰到好处；当然，有的决策也是在动态变化的，在执行与认知过程中不断优化。

关键是执行，没有执行的落地，认知与决策就没有价值。

执行就是行动，就是下定决心，排除一切干扰，想尽一切办法，用最快的速度去达成目标。灰度管理的魅力在于执行，立即去做该做的事情。优秀的执行是这样的：

（1）明晰目标：发出者说明白，执行者听明白。

（2）有效衡量：定量考核，如数字指标、时间指标、事项明细。

（3）循环反馈：不断反馈、不断考核、不断总结、不断修正、不断前行。

当然，目标的价值彰显，除了可执行，还要看效率。效率从哪里来？就是要立即去做该做的事情，做好该做的事情。不拖延，不讲条件，做出成就再说话。

许多重要决策必须一致通过。少数人通不过，要做工作，甚至有时做不通就拖着，这种决策的安全性容易拖累决策的及时性。所以必须加强沟通，深入分析，力求统一意识，并及时做好落实环节的安排。

任正非说："你想提高效益、待遇，只有把精力集中在一个有限的工作面上，不然就很难熟能生巧。你什么都想会，什么都想做，就意味着什么都不精通，任何一件事对你来说都是初工。"

"专注"作为一种工作态度，实际上包含着敏锐的反思、高度的自律。专注的人会时刻反思自己的行为，反思自己的工作方法，以便继续改进和提升。而且专注的人通常具有高度的自律精神，不会轻易被琐事所干扰，不会出现注意力不集中的情况，更不会随意浪费时间。

灰度管理最大的症结在拖延，因为执行过程中本来就考虑灰度的现实了，考虑到执行的空间与过程的妥协了，倘若不冲着结果去做，往往会阻碍计划的实施。因为计划通常具有时效性，只有在特定时间内，计划的实施才能达到完美的效果。拖延和延迟会打乱原有的计划，导致结果发生变化。何况，拖延也会造成更多的犹豫不决，甚至使计划流产。

无论是领导还是员工，认知达成，决策定了，就要立即去做。尤其是基层的员工与中层的干部，最重要的并不是拥有足够先进的理念，而是具备立即行动的执行力。这种立即行动的态度才能真正体现出战斗力，才能体现出应有的竞争力。

任何理由的拖延只会造成"温水煮青蛙"，导致斗志和竞争力的逐渐丧失，最终面临被现实所淘汰的困境。

华为的成功在于执行力的成功，上下齐心，有效利用资源、保质保

量地达成目标。

2017 年 8 月，任正非在听取华为人力资源部劳动工资科关于日本制造企业作业类员工管理调研的时候说：华为价值评判标准不要模糊化，要坚持以奋斗者为本，多劳多得，干得好就一定要多发钱。华为不能让雷锋们吃亏，雷锋也是要富裕的，这样人人才想去当雷锋。

深谙人性治理的任正非坦言："华为不缺人才，钱给多了，不是人才，也变成了人才。"

不过，金钱不是万能的。任正非在强调分钱的公平与公正之外，并没有丢下精神的激励："金钱固然重要，但也要相信人的内心深处有比金钱更高的目标与追求；尤其是当人们不再一贫如洗的时候，愿景、使命感、成就感才能更好地激发人。如果我们相信员工有精神追求，员工也会被我们的信念所鼓舞。"

这就是华为的灰度管理的精髓，看似矛盾，实则拿捏好了灰度。

第九章
灰度点燃创新，增强企业后劲

在不确定中寻找确定性，只有坚持变中求新、变中求进、变中突破，才能攻克一个又一个难关，取得一个又一个成就。

优秀的企业家知道，抓创新就是抓发展，谋创新就是谋未来。不创新就要落后，创新慢了也要落后。

任正非有句口头禅：面子是给狗吃的，不能自我批判的干部将全部免职。

员工在一家企业里工作，追求职位晋升和加薪是出于人性的正当需求。好的体系是让员工主观上为自己挣钱，客观上为公司挣钱。

灰度管理，播撒创新的种子

前华为全球人才招聘负责人冉涛从华为的灰度管理实践中，从企业发展的规律与本质中，系统全面地阐述了企业从 0 到 1、从 1 到 10、从 10 到 100、从 100 到 1000、从 1000 到 10000 的不同发展阶段聚焦的本质与各不相同的增长发力点，给不同阶段的企业发展带来了深刻的启发与清晰的思路。

从 0 到 1 是关键，是原创性，需要更多的资源来厚植创新的种子。

冉涛从以下六个模块深度解读如何打通战略落地、实现核心人才战略升级，从而实现企业的跨越式发展。

（1）建设组织，适应战略的敏捷组织队形构建。

（2）识别人才，基于企业战略成功的人才识别。

（3）管好干部，打造能打胜仗的干部队伍。

（4）做好分配，导向价值创造的分配体系。

（5）塑造文化，融入流程的文化落地。

拥有创新种子的人才是开创型人才。这类人适合负责开拓性、创新性强的工作，比如新业务的开发、新市场的突破等。他们擅长在未知领域发现规律、抓住机会、找到突破口，实现从 0 到 1 的突破，适合担任带头人的角色。这类人往往非常聪明、活跃，对于重复性高、一成不变的工作容易缺乏耐心，所以从事常规的运营性工作，可能反而不如守成型的人做得好。

事实上，现实的灰度与人才的灰度匹配时，才能人尽其才。这也是考量企业管理者的智慧与对灰度人才观的把握程度。

但是，现实往往不尽如人意。因为太多的不确定性，会带来巨大的灰度空间。

在一次公开演讲中，滴滴创始人程维感叹：创业者是最不容易的一群人，他们就像推开一扇门，外面是漆黑一片，哪条路都是不清晰的，要时时刻刻一边摸索，一边认知，一边修正。

不确定性是应该的，所以你必须是一个乐观主义的人，是一个有一点无畏的人，因为你在做没有人做过的事情。

接纳不确定性，克服焦虑和不安全感，这是每一位创业者必修的功课。在华为蒸蒸日上的时候，任正非专门写了《华为的冬天》，警告大家要准备过凛冬。

"我们无法准确预测未来，但仍要大胆拥抱未来。"

　　"面对潮起潮落，即使公司大幅度萎缩，我们不仅要淡定，也要矢志不移地继续推动组织朝向长期价值贡献的方向去改革。"

　　一家创新企业的成立，就像希望的种子洒在田野，渴望的鸟儿飞向天空，如雨后春笋在每一个城市、每一幢写字楼里扎根生长。

　　但是，种子破土需要雨水滋润，展翅翱翔需要乘风而升。真正意义的创新型企业，不会有现成的经验与标准的答案。优秀的企业家不畏艰难险阻，在不确定中寻找确定性，坚持变中求新、变中求进、变中突破。只有攻克一个又一个难关，才能取得一个又一个成就。

　　面对难题时，没有条件，创造条件也要上；面对新问题时，杀出一条血路来。这就是创新型发展，是一个企业奋勇向前的必由之路。

　　创新是一个企业进步的灵魂、兴旺发达的不竭动力。唯创新者进，唯创新者强，唯创新者胜。灰度管理，就需要敢于开拓创新，能够打破条条框框的限制，根据实际情况不断创造独特的企业发展路径。

　　灰度管理实践证明，创新是企业的第一动力，是攻坚克难、临危处突的有力武器，更是独立于企业丛林的重要基点。优秀的企业家善于从企业实际出发，结合自身经验，播撒创新的种子，让种子生根发芽。

　　让灰度号召人，群策群力发展企业；让灰度创造空间，营造创新氛围；让灰度成就人，保障成果转换；让灰度激励人，增强创新动力；让灰度包容人，打破传统藩篱；让灰度解放人，释放创新潜能。

灰度促创新，创新是企业的发动机

先看一个故事：2015 年，小米与飞利浦在讨论合作生产智能灯泡的时候，飞利浦准备了几十页的合同文本，合同中过于清晰的权责约定，一度使得谈判中断。后来双方意识到只有在"灰度"条件下，才能真正求同存异。双方最终通过简化合同，顺利创新产品，打开了欧洲的照明市场。

其实，照明行业竞争早已进入白热化，各大照明企业为打破传统的竞争格局，创新发展智能照明就成为下一座"金矿"。

显然，飞利浦以及其他更多的 LED 照明企业甚至如小米这样的跨界企业已经嗅到了"智能照明"大蛋糕的香味，争夺战已经打响，抢占先机成为关键。

市场竞争中，合作共赢是关键；双方各退一步，办成事情才是根本。有人称之为灰度创新，其实是一种包容与妥协，最后达成共识，共同发展。

灰度创新也是创新，创新是一种创造性的实践行为，是为了发展需要，运用已知的信息和条件，突破常规，发现或产生某种新颖、独特的有价值的新事物、新思想的活动。

创新的本质是突破，即突破旧的思维定式和旧的常规戒律。核心是"新"：或者是产品的结构、性能和外部特征的变革，或者是造型设计、内容的表现形式和手段的创造，或者是内容的丰富和完善。

智能照明就是一种有生命力的创新，为照明行业带来了新的商机。企业因此而获得了新的发展动力。灰度管理离不开创新，这是一个企业兴旺发达的不竭源泉。企业要发展，就要促进创新，创新是企业的发动机。

优秀的企业家知道，抓创新就是抓发展，谋创新就是谋未来。不创新就要落后，创新慢了也要落后。

面对千帆竞发的竞争态势，谁能在创新上抢先一步，谁就能赢得更多主动、把握更多先机，在发展上更胜一筹。创新快一步，发展才能跑出加速度；抢先一步、敢为人先，下先手棋、打主动仗。

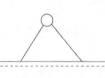

灰度创新，即围绕制造业结合部而产生的创新，它是发生在企业之间、组织之间，甚至扩展到整个产业链的相互协同与组合。灰度创新可以起到完善产业链的作用。

创新是企业的发动机，那么，我们如何促进创新呢？林雪萍所著的《灰度创新：无边界制造》对灰度创新问题做了新的阐述。

灰度创新不是发生在企业内部，而是发生在企业之间、组织之间，甚至扩展到整个产业链的相互协同与组合。创新的发生处属于交叉地带，边界不清晰，具有不确定性，呈现灰度特征。

一个制造企业的创新机制可以理解成一个"知识黑盒子"，企业的核心技术、运行方式，对于外部组织都是相对封闭的。而灰度创新则为"知识黑盒子"打开了半扇窗口，使其转变为"知识灰盒子"，让知识呈现一个双方共有的半明半暗的状态。这种"知识灰盒子"是灰度创新得以定义为"灰度"的一个关键性特征。

实际上，灰度创新是一种管理创新，强调多种关系的平衡与交融、妥协与和谐。

用任正非的话说："合理掌握合适的灰度，使各种影响发展的要素在一段时间内和谐，这种达到和谐的过程叫妥协，这种和谐的结果叫灰度。"

复星地产董事长郭广昌对灰度管理也有自己的独特理解："企业管理一定要有灰度，不要希望把什么事情都说得很清楚。各个团队之间的业务边界不是描述得越清楚越好，新业务的发展也不是越清楚越好。最好的状态是适度的灰度，适度的边界，并重复这种状态。"

适度的边界，就是创新的土壤；适度的灰度，才有创新的可能。

怎样使自己有所创新？答案是：破除思维定式、破除权威定式、破除从众定式、破除经验定式、破除唯书本定式、破除非理性定式、接受创造教育、接受创造力开发训练。

创新不是一蹴而就的，是一个积淀、发展、整合与反复实践的过程。当然，创新还需要机遇。

灰度管理为创新者提供条件与机会。灰度的空间足够大，可任由企业的管理者与员工自由翱翔。

创新不需要讲面子，不能自我批判的干部要免职

任正非有句口头禅：面子是给狗吃的，不能自我批判的干部将全部免职。他不无感慨地说：极端困难，把我们逼得更团结、更先进、更受用户喜欢；逼得我们真正从上到下能接受自我批判和自我优化。只有长期坚持自我批判，才有光明的未来。

都知道任正非的脾气不太好，在他发火的时候别人都噤若寒蝉。但他不仅对别人要求严，对自己更严格。他说："我一生这么多经历。我批评别人很多，但是自我批评更多，我每天都要想自己哪些事情做对了、哪些做错了。"

2008 年,华为提出了六大核心价值观:成就客户、艰苦奋斗、自我批判、开放进取、至诚守信、团队合作。

自我批判是其中之一。这六大核心价值观在很多企业的价值观里都可以看到,但是有两条较少见:一条是自我批判,一条是艰苦奋斗。华为的文化成果中其实也都包含了自我批判的内容。华为的员工行为准则、十六条军规、EMT 自律宣言、改进工作作风的八条要求等都有与自我批判相关的内容,且都是在自我批判中不断优化的。

关于自我批判,任正非的很多发言至今依旧掷地有声。在华为,为什么不提倡批判别人而提倡自我批判呢?因为批判是人性,不需要再对别人多加批判了。我们都擅长批判别人,也就没有必要继续强化了。批判的度不好把握,批判有时候会伤人,那一枪发出去可能会两败俱伤,而自我批判能达到多赢。

真正的内心强大都是从敢于否定自己开始的。从批判自我到否定自我,是需要勇气的。也只有勇于否定自我,才能给创新提供可能。

据说老鹰是世界上寿命最长的鸟类,它的年龄可达 70 岁。要活那么长的寿命,它在 40 岁的时候,必须做出艰难而重要的决定。此时的老鹰的爪子开始老化,喙变得又长又弯,翅膀变得十分沉重。面对这些变化,老鹰只有两种选择:等死或经过一个万分痛苦的更新过程——150 天漫长的蜕变。

老鹰首先用它的喙击打岩石，直到完全脱落，然后静静地等待新的喙长出来。它会用新长出的喙把趾甲一个一个地拔掉，当新的趾甲长出来后，它会再把羽毛一根一根地拔掉。经历漫长的5个月以后，新的羽毛长出来了，老鹰又开始了飞翔，重新获得了再活30年的生命。

这虽然是一个传说，但是，其中传达的道理是非常清晰的，老鹰要获得新生，必须进行自我蜕变，蜕变是痛苦而漫长的，但是，走过来就是新生。

一个企业为什么就不能做到自我批判、自我挑战，在痛苦中自我更新呢？企业蜕变首先是管理者要不断进行自我批判，在批判中不断完善自我，创新发展，为企业的新生找到更加合适的路。

事实上，灰度管理非常强调人的自我评判与自我创新，要求管理者时刻怀有空杯心态。人不可能不犯错误，但是只要有自我批判的精神，人就能够不断从错误中去反省，从错误中总结提炼经验，因此得以不断成长。

出淤泥而不染的人可以成为艺术家，但不适宜做企业的领导。灰度管理认为一个管理者只有在污泥里面待过，他才具有免疫力。所以，最重要的是不怕管理者犯错误，就怕他没有自我批判的精神。只要有自我批判的精神，这个人的发展与成长就能不断提升。

允许人犯错，并且督促其进行自我批判，在反思与批判中成长，这就是灰度的人才发展观。灰度管理就是要把这样的人才送到一线去锤炼，要他们能从泥坑里爬出来，经受住各种磨难，这样的人才才能够有持续的战斗力、能够解决问题、能够打胜仗。

华为的灰度管理，体现在模式上的不断创新。创新不需要讲面子，不能自我批判的干部要免职。譬如，高绩效导向就是很好的管理创新。

在宏观商业模式上，华为定位于为客户提供有价值的"端到端"的服务，以客户导向为目标。

在内部管理模式上，华为通过业务流程变革，提高组织运作的效率，以流程导向为目标。

在企业文化建设上，华为通过对企业文化的梳理，整合核心价值体系，以高绩效文化导向为目标。

客户导向、流程导向和高绩效导向是相辅相成的，是有内在逻辑的统一体。任正非认为华为最大的优点是自我批判。任何时候不放弃自我努力，不放弃自我批判。找个员工让他说他哪里做得好？他一句话都讲不出来，但是让他说他哪里不行，则滔滔不绝。因为管理团队只要讲自己好，就被轰下台；只要讲自己不好，大家都很理解，越讲自己不好的人可能越优秀。

只要他知道哪些地方做得还不够好，就一定会改进，这就是华为的

文化——"自我批判"。只有长期坚持自我批判的人，才有广阔的胸怀；只有长期坚持自我批判的公司，才有光明的未来。

以积极的心态经营灰度，在转角处遇到成功

有一家农场主，为了方便拴牛，在庄园一棵榆树的树干上箍了一个铁圈。随着榆树的长大，铁圈慢慢长进了榆树树身里，榆树的表皮留下了一道深深的伤痕。好巧不巧，当地发生了一种奇怪的榆树病，方圆几十里开外的榆树都死了，唯独那棵箍了铁圈、留下深深伤痕的榆树却活了下来。

为什么这棵榆树能幸存下来呢？植物学家对它产生了兴趣，于是组织人员对它进行研究。结果发现，正是那个给它带来伤害的铁圈救了它，是它从锈蚀的铁圈里吸收了大量的铁，所以对真菌产生了免疫力。

这是一个真实的故事，它发生在 20 世纪 50 年代美国一个农场中。这棵树至今仍郁郁葱葱地生长在那个农场里。

故事有很多种解读，一般都是对标人生的精神层面：我们每个人的一生，都会如这棵树一般，遭受各种各样的伤害。但这些伤害又会在

某些时刻成为一种养料，让生命变得更刚毅、更坚强、更充满生机和希望。

打不倒你的，终将让你更强大，因为，你已有了强大的免疫力。

这个故事也是对灰度管理的一个很好的隐喻。我们分析现象要注意底层逻辑：一是辩证唯物论，一切从实际出发；二是联系的观点，世界各种事物是普遍联系的；三是系统的观点，整体、层次、全局和开放；四是对立统一规律，主要矛盾与次要矛盾，矛盾的运动变化；五是质量互变规律，由量变到质变，再由质变到量变。

这棵不死的榆树，不是有什么超自然的能力，而是人们通过这棵树注意到了事物之间的关联。灰度管理，每天都要面对太多的不确定性。我们无法预知未来，但是，我们不能因为这样就裹足不前。

灰度的价值是不确定性中有着巨大的空间性，一个企业也如这棵榆树一样，社会给它莫名加上的铁箍，制约其生长。但是，榆树的可贵在于，即便如此，依旧生长，不断地争取空间。铁箍依然在，制约依然在，深深嵌入榆树的肌体里。可是，榆树依旧在生长。

然后，因为榆树的坚持，大自然给榆树带来了好运。也正是这个制约它的铁箍救了它，因为铁箍给了这棵榆树免疫力，而其他榆树没有得到免疫力。世界就是这么奇妙：山重水复疑无路，柳暗花明又一村。不

是写在诗歌里，而是实实在在地存在于现实之中。

华为在几十年的历程中遇到过太多的艰难时刻和一次次打击，但因为华为人的坚持，这些打击不仅没有摧毁华为，还使得华为有了更强的免疫力，一次又一次地壮大发展成如今的超级企业。

2001 年前后，小灵通业务崭露头角。华为面临着一个重大的产品路线选择，要不要做小灵通？任正非认为小灵通的技术演化不出 3G，技术上存在瓶颈，从长远来看，难逃被淘汰的命运。在他的坚持下，华为公司选择了不做小灵通业务。

但是华为公司的"老对手"中兴做出了不一样的选择。中兴公司在小灵通上大胆投入，快速推进，业绩一路高歌，公司赚得盆满钵满。而同时期的任正非坚持研发 3G，却并未获得较大突破。

当时的 8 到 10 年里，任正非由于错失了小灵通的利润，陷入精神抑郁。他既担心华为公司会在竞争中垮掉，又担心如果自己改变初衷，放弃 3G 的研发，华为可能会失去未来。最终，华为还是选择了一路坚持，走出了发展阴霾。

其实，这也是华为的一个重要的发展导向——成就导向。拨开迷雾，直奔结果。这也是华为发展的法宝之一。成就导向敢于冒险，要成为卓越的企业家，就必须拥有冒险精神。

决定一个人的发展空间的是这个人对自己的定位，是小富即安，还是更愿意从事具有挑战性的工作。而成就导向高的人在工作中会全力表现自己的能力，并且不断为自己树立标准。这就是我们经常讲的自驱力。华为的成就导向让华为的员工产生持续不断的自驱力，促使他们不断挑战自我，从而推动华为的技术创新步伐，实现持续跨越式发展。

"烧不死的鸟是凤凰"，走过漫长岁月的华为，逆势增长，不断胜利，其背后肯定有成功的底层逻辑。华为前全球招聘总负责人、资深人力资源管理专家冉涛认为华为成功的秘诀就是"灰度"，他总结了华为成功背后的三大法则：

（1）扭转危机的灰度法则：清晰的方向是在混沌中产生的，是从灰度中脱颖而出的。

（2）应对危机的永恒法则：用确定的管理应对不确定的结果。

（3）战胜危机的根本法则：管住人性的恶，通过善的制度，构建起员工与企业的命运共同体。

社会危机的形成，归根结底是由于人性的问题。华为深刻了解人性、尊重人性、利用人性、成就人性。员工在一家企业里工作，追求职位晋升和加薪是出于人性的正当需求。好的体系是让员工主观上为自己挣钱，客观上为公司挣钱。

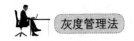

正是出于对人性的深刻洞察，华为形成了卓越的人力资源管理理念：管住人性的恶，构筑起善的制度。华为人一直以积极的心态经营灰度，一次次艰难的蜕变与执行的坚持，让华为在无数次艰难险阻的转角处遇到成功。

第十章
掌握合适的灰度，避开灰度管理的误区

灰度管理就是在看似尖锐对立的矛盾中，在对问题本质深刻透视的基础上，超出传统的中庸之道的一种高超领导艺术。不钻牛角尖与不走极端的同时，也不走平均折中的路线。

只有妥协，才能实现"双赢"和"多赢"，否则可能两败俱伤。因为妥协能够消除冲突，拒绝妥协必然是对抗的前奏。

灰度管理理论，就是从自然的灰度现象借象演绎而来，此为"实事"；经过无数次认知、提炼与反思，逐渐成为一种理念、方法，并运用于管理实践，此为"求是"。

只要把"利"摆平，就能平衡好各方面的关系。那么如何摆平呢？这就需要战略思维。

灰度管理取自中庸，但不是中庸之道

中庸之道，是儒家的核心思想之一，也是中华民族的文化基因之一。关于中庸内涵的阐释，《中庸》的第一篇和最后一篇里面最为经典。

《中庸》第一篇里说："中也者，天下之大本也；和也者，天下之达道也。致中和，天地位焉，万物育焉。"《中庸》最后一篇的最后一句话："上天之载，无声无臭，至矣！"

中庸认为，上天承载、化育万物，无声无息，不动声色。这才是最高的境界或者最终的目的。也就是说，让万物和谐共生，才是中庸之道的目的。

孔子认为"中庸"是非常难以企及的境界，"天下国家可均也，爵禄可辞也，白刃可蹈也，中庸不可能也。""庸"也有"用"的意思，在《礼记·中庸》里，很多地方解释成"用"也是合理的解读。

朱熹的解释非常直接，庸就是"平常""恒常"。正因其平常，才容易被人忽略，不能意识到它的存在，正所谓"日用而不知"。王阳明先生则认为："中"只是天理。学者余秋雨认为："中庸之道的本质是反对一切极端主义。"

关于中庸之道的解读浩如烟海，一般无外乎以下三个方面：

第一，做事主张不偏不倚，不走极端。

第二，处理问题执两用中，考虑问题周全。

第三，对待任何事物，持海纳百川、兼容并包的态度。

儒家认为，要做到"中庸"，即行所当行、止所当止。时行当行，时止当止。这是一个极高的境界，需要"究天人之际、通古今之变"——对自然、社会和人生的运行规律、运行法则有深刻的体验和把握，这是一般人难以企及的。

中庸之道一直是我国传统文化的核心思想，中庸之道所蕴含的智慧一直受到历代圣贤和文人墨客的推崇。

中庸之道是几千年中国文化的智慧结晶，是中国哲学思想的先驱，孔子认为它是最高标准的道德。

中庸之道是指人居于中正之道，不偏不斜，不断提高自身的修养品质。对待万事万物都心怀大爱，遵从宇宙规则，遵循天道和自然法则。

而灰度管理，就是不要走极端，不要非此即彼。这与中庸之道有着某种共通之处。所以，有学者研究任正非的灰度管理，认为其思想源泉

之一就是中庸之道。

事实也是如此。有一次任正非去欧洲考察，与员工在保加利亚雪山脚下散步，忽发奇想，问刚到华为不久的梁国世："你知道华为公司为什么能成功吗？"梁国世灵机一动，回问一句："我刚来华为，怎能悟出这般深奥的道理。您说，为什么呢？"任正非答道："中庸之道。"

灰度管理的原则和中庸思想都讲究一个权变的概念。企业的经营环境是不断变化的，企业管理者也需要不断学习以促进思维的不断创新，绝不可以用固定的思维去做一成不变的决策；要采取适合企业发展的措施，制定适合企业发展的方向，采用循序渐进的方式逐渐实现企业的愿景和目标。企业家要从自我深刻变革开始，以"灰度领导力"来带领企业跨越"灰度时代"，从优秀走向卓越。

任正非的灰度管理虽取自中庸，但绝不等同于中庸。孔子所提倡的中庸之道，是要人们奉行不偏不倚、折中调和的处世态度。

然而，灰度管理不是各打五十大板，不是简单的平均主义，也不是折中。灰度是在看上去两个极端的似是而非的观点之间，深刻洞察问题背后的真相，在对内外部各种因素综合考虑的基础上做出的相机选择。是在黑白两端之间的动态选择，而不仅仅局限在中间的不偏不倚。

中庸之道也被称为中道或中和之道。儒家将之当作至高的道德标准，同时也是解决人世间所有问题的核心智慧；现代社会文化场域中普遍将之理解为中立、平庸或和稀泥一般的八面玲珑的处事原则。

中庸之道作为我们民族文化的基因之一，内涵丰富。包括学习的方式——博学之，审问之，慎思之，明辨之，笃行之；也包括儒家做人的规范如"五达道"（君臣，父子，夫妇，兄弟，朋友之交）和"三达德"（智、仁、勇）等。

理解与领悟中庸之道的思想精髓对于理解与运用灰度管理是有帮助的。灰度管理就是在看似尖锐对立的矛盾中，在对问题本质深刻透视的基础上，超出传统的中庸之道的一种高超领导艺术；不钻牛角尖与不走极端的同时，也不走平均折中的路线。

瞬息万变的商业世界从来都不是一是一、二是二的世界，每一个变量都会产生无穷多的向度，每个条件都将激活无常性的结果。

中庸的做法是执两用中，叩其两端而执其中。但是，灰度管理所执的这个"中"，不是中间、中端的意思，而是"时中"。何为"时"，即应时而变之意；审时度势，把握平衡。理解了中庸之道，也就读懂了华为的灰度哲学。

企业的管理对象是人，人是最不稳定的因素。中庸之道讲究"仁责兼用"，也就是说以"仁"的思想处理好团队成员的关系，以"责"的方式来分配具体的工作担当；"仁""责"都在，业绩就在。这是中庸之道的精华，也是灰度管理所应该集纳的原则。

商场如战场，商业世界就是变化无常，是非善恶分分钟在转化，每一个变量因子投下去，就会有无穷多的因素被激活，就会全然呈现出不同的发展向度。

任正非在管理领域是平衡的高手。面对世界的风云变幻，他说："我们要清醒地认识到，面对未来的风险，我们只能用规则的确定来对付结果的不确定。只有这样，我们才能随心所欲，不逾矩，才能在发展中获得自由。"

正因为如此，任正非在管理改进中，始终坚持遵循"七反对"原则：坚决反对完美主义；坚决反对繁琐哲学；坚决反对盲目的创新；坚决反对没有全局效益提升的局部优化；坚决反对没有全局观的干部主导变革；坚决反对没有业务实践经验的人参加变革；坚决反对没有充分论证的流程进行实用。"七反对"原则，实际上是其灰度管理思想的实践表达，是对中庸之道的时代演绎。

灰度管理需要妥协，但不是没有原则，
更不是和稀泥

灰度管理的践行者任正非对于妥协有着独到的见解。他认为，没有妥协就没有灰度。坚持正确的方向，与妥协并不矛盾；相反，妥协是对坚定不移的方向的坚持。

方向是不可以妥协的，原则也是不可以妥协的。但是，实现目标方向过程中的一切都可以妥协，只要它有利于目标的实现，为什么不能妥协一下呢？当目标方向清楚了，如果此路不通，我们妥协一下，绕个弯，总比原地踏步要好，干吗要一头撞到南墙上？

任正非指出：在一些人的眼中，妥协似乎是软弱和不坚定的表现；似乎只有毫不妥协，方能显示出英雄本色。但是，这种非此即彼的思维方式，实际上是认定人与人之间的关系是征服与被征服的关系，没有任何妥协的余地。

什么是妥协？有人说，妥协是以独立为前提、以底线为原则的适当

让步，用让步的方法避免冲突或争执。有人认为，妥协就是放弃和牺牲。我愿意为了你，放弃我重要的事情，放弃我的想法，放弃我的自我；我愿意为了你，做我不愿意做的事情。也有人认为，努力使各种影响发展的要素在一段时间和谐，这种达到和谐的过程就叫妥协。

战火纷飞的时代，伟人纵横捭阖，指点江山，颇具远见卓识地指出："在各个策略阶段上，要善于斗争，又善于妥协。"世间万事万物的所谓标准，无不是一种假设，并没有什么永恒的是与非，全在于时空条件的约束。

既然如此，妥协便无处不在，政治与商业的灵魂也是妥协。现实中，要把事情办成，常常需要求同存异，双方才有可能达成一致并最终取得成功，这就是妥协。

如果总是一根筋地坚持自己的意见，不懂得在坚持原则的基础上寻求妥协，那就会失去别人的支持和帮助；同时，也就不可能把别人不同的意见当作"镜子"，去发现自己对事情认识的差距或不足，这样往往离成功越来越远。

即使是一个人，有时也需要自己与自己妥协。比如，周五晚上计划周六早起，结果第二天早上想睡懒觉，都会自发地为自己的赖床找一个借口。这个借口其实也是一种自我妥协。

在华为的发展历程中，有一个值得研究的案例。当年华为在通讯市场上崭露头角，初生牛犊不畏虎，遭到了行业巨头思科的迎头重击，差点儿把华为置于死地。

2002年12月中旬，思科全球副总裁来到华为，正式向华为提出知识产权的问题，要求华为承认侵权，并且要求赔偿、停止销售。而华为认为可以在海外停止销售涉嫌有争议的产品，但是拒绝承认在软件方面有侵权行为。

华为一边同思科协商，一边对产品进行修改，撤回已经销售的部分可能涉嫌侵权的产品。这一举动被美国媒体捕捉到并大肆报道，从美国撤回产品，被认为是默认侵权。思科准备充分，在司法、舆论、市场等层面同时发力，想要一举打垮华为。

而华为方面明显准备不足，等于是仓促应战。任正非的看法是"敢打才能和，小输就是赢"，华为派出了应诉团队，在美国同思科正面抗争。

经过一系列的对抗、博弈和妥协，两家公司终于达成了和解。2004年7月，思科与华为达成最终和解协议。华为没有侵犯思科的知识产权，但同意修改命令行界面、用户手册、帮助界面和部分源代码，以消除思科的疑虑。

而经过这一场"世纪大战"，对双方都有利的完美诉讼，华为一举闻名天下，竞争对手和客户算是真正认可了华为的实力，行业内开始把华为与思科等量齐观。

本案被业内人士称为中国高科技知识产权领域的第一场大胜仗，成为高科技领域中外知识产权争端的代表性案例。如果华为当年选择了硬碰硬，拒绝妥协，只知道讲道理，发泄情绪，寄希望于美国的"公正"和别人的同情，那华为可能早已不复存在了。

当然，妥协是需要智慧的。任正非认为，"妥协"就是非常务实、通权达变的丛林智慧。凡是人性丛林里的智者，都懂得选择恰当的时机接受别人的妥协或向别人提出妥协；毕竟人要生存，靠的是理性，而不是意气。

要做到有智慧地妥协，一方面，要充分认识到妥协对成功的重要性，只有学会妥协、善于妥协，我们才能更好地集思广益，取得成功；另一方面，要坚持原则底线，不能为了寻求妥协而放弃原则底线，必须是在这条底线基础上的求大同、存小异。

当然，我们也要讲究妥协的艺术。比如，我们在弱于别人的时候，可以采取以退为进或者先进后退的办法妥协，在妥协的过程中求得成功。

不过，妥协并不意味着放弃原则、一味地让步。任正非在这方面深有感触，他把妥协分为明智的妥协与不明智的妥协。

明智的妥协是一种适当的交换。为了达到主要目标，可以在次要目标上做适当的让步。这种妥协并不是完全放弃原则，而是以避退为进，通过适当的交换来确保目标的实现。不明智的妥协，就是缺乏适当的权衡，或是坚持了次要目标而放弃了主要目标，或是妥协的代价过高因而遭受不必要的损失。明智的妥协是一种让步的艺术，妥协也是一种美德；而掌握这种高超的艺术，是管理者的必备素质。

但是无论如何，只有妥协，才能实现"双赢"和"多赢"，否则可能两败俱伤。因为妥协能够消除冲突，拒绝妥协必然是对抗的前奏。任正非要求各级干部要真正领悟妥协的艺术，学会宽容，保持开放的心态。只有这样，才会真正达到灰度的境界，才能在正确的道路上走得更远，走得更扎实。

有人说，一流的领导者都是"妥协派"。他们不会为了展示自己的"英雄本色"而进行意气之争，他们只会紧紧盯着胜利的目标，为了达成目标忍受暂时的后退和迂回。

前进道路上绕一个弯、打一个圈，这从整体来看，其实是化害为利，化被动为主动，方向仍然是指向目标的。所以，妥协其实是对坚定不移的方向的坚持。没有妥协，就不能团结大多数人，任正非强调过这点。华为公司有那么多人，每个人都有自己的性格和观念，如果没有妥协，那就会造成很多无意义的对抗，"相互之间相处的时候只坚持自己的意见，可能就不能团结很多的人"。

无论是怎样的领域，从事何种事业，胜利都是一种信仰。所以，只要能够赢得胜利，暂时的忍让和妥协就是值得的。

灰度管理是实事求是的世界观和方法论，
并不是虚无与消极

灰度是真实的存在，可是，为何我们感受不到呢？

这是因为人类在观察世界时，受到儿童期教育的影响，在世界观里更多是对黑与白、是与非的区分，灰色被淡出了我们的视野。如《声律启蒙》中通篇都是"对"："云对雨，雪对风，晚照对晴空。"黑对白，是对非，没有灰。

当然，我们的视角最易察觉的是黑与白，灰色因为不显眼，往往被人忽视。

灰度是真实的存在，只是需要智慧去辨别，需要眼光去欣赏，需要方法去运用。穿衣打扮时，有一种受大众追捧的颜色"高级灰"；文案编辑时，为突出内容显示会标注文字底灰；养育孩子时，有一种教育被称为"灰度教育"……

灰度就是以更接近客观事实的态度看待事物，而灰度思维就是实事求是，以分析和求证为依据，思考解决问题的方式。

灰度思维，意味着承认世界的复杂性、事物的偶然性、人的多变性。

不确定性下的灰度，既是世界的本质，也是商业运作必须遵循的基本原则。灰度同样也是财富创造的价值体系，是强大的生产力。任正非提出灰度管理理论的基础或科学依据或许就基于以上的客观现实。

研究华为的学者能够清晰地看出，灰度是任正非的世界观，是思维方式，也是方法论，概言之，三者构成了任正非的灰度思想。

任正非以此作为认识世界与改造世界的工具，并付之于华为的经营管理实践，随着华为的发展壮大，逐渐沉淀为一种管理制度。随着灰度管理逐渐成熟，最终成为一代管理范式。这么看来，灰度作为实事求是的世界观和方法论，不是属于任正非一个人。灰度在现实世界中具有普遍性，只不过任正非是认识并运用这个世界观与方法论的第一人。

创建灰度管理理论是一个实事求是的过程。从自然的灰度现象借象演绎，此为"实事"；经过无数次认知、提炼与反思，逐渐成为一种理念、方法，并运用于管理实践，此为"求是"。

灰度管理理论的内涵非常丰富，充满哲理。不过，其底层逻辑还是清晰的，有学者研究认为是由五个基本规律的支撑与共构而成：

其一，辩证唯物论，一切从实际出发。这是想问题、做决策、办事

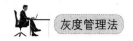

情的出发点和落脚点。

其二，联系的观点，世界各种事物是普遍联系的。世界是统一整体，联系是不同事物之间或同一事物内部诸要素之间相互作用、相互影响、相互制约的范畴。

其三，系统的观点，整体性、结构性、层次性和开放性。整体性主要强调把握系统整体与其组成要素之间的关系；结构性主要强调把握系统中诸要素之间的关系，包括要素之间的比例、结合方式等；层次性主要强调把握系统中不同层次之间的关系，研究不同层次的运行规律；开放性主要强调把握系统整体与外部环境之间的关系，越是有机的系统，其开放程度越高。

其四，对立统一规律，主要矛盾与次要矛盾，矛盾的运动变化。它揭示无论在什么领域，任何事物以及事物内部以及事物之间都包含着矛盾。

其五，质量互变规律，由量变到质变，再由质变到量变。量变是质变的必要准备，质变是量变的必然结果。量变和质变相互渗透。总的量变中有部分（阶段或局部）质变，质变中也有量变（旧质的量收缩和新质的量扩张）。量变和质变相互依存、相互贯通。量变引起质变，新质又开辟新量变道路，如此交替循环，形成事物质量互变规律。

当然，人的认知是有层级的，灰度是中间一级，也是一个人成熟的标志之一。

层级一：极限分明的对立。世界是黑白、是非、左右、上下、对错……的两极，人和事都有清晰的标签，要么好要么坏，没有中间地带。

层级二：精致的灰度。世界是复杂、多变的，每个人有多重性格底色，没有绝对的好人和坏人，世界不黑也不白，而是混沌和灰色的。

层级三："太极式"灵活转化。从更大的时空观看当下发生的问题，会发现事物对人的影响是会两极转化的，不是固定不变的。

灰度是实事求是的世界观和方法论，并不是虚无与消极，重要的一点还体现在华为的物质激励机制上。任正非说，许多新员工愿意到非洲历经千难万险，为了什么？钱！3 年就有 100 万。对一个刚毕业的大学生来说，可以冒险去搏。

所以，不要把人都想得有多么清高，物质激励一直是最主要的力量。任正非非常重视物质激励的作用，但是坚决反对上市，因为上市后许多人富起来后就立即懈怠了。这看上去矛盾又能够自圆其说，实际上就是灰度。他既相信又不完全相信物质激励的效果，所以任何时候都提倡艰苦奋斗的精神。

矛盾的对立与统一，就是灰度管理。

灰度管理是一门动态平衡的艺术，
但并不是混沌与无序

毋庸讳言，企业要发展，需要不断地开拓与创造价值，而一切的商业价值来源于用户价值。

任正非说："从企业活下去的根本来看，企业要有利润，但利润只能从客户那里来。华为的生存本身就是靠满足客户需求，提供客户所需的产品和服务并获得合理的回报来支撑。"彼得·德鲁克说："企业的目的就是创造客户。"

两位大师的见解，实际上深刻地剖析了企业发展的秘诀：没有客户，就没有企业。尽管创造客户是企业的正确目的，但赚取利润是企业的本能。优秀企业的目的是创造客户，一般企业的目的是赚取利润。

当下社会日新月异，创新科技的发展、用户需求的升级，以及市场环境的加速变化，单一维度的产品价值实现已经难以支撑企业的长期发展。

　　企业唯有通过多元价值体系驱动用户价值、商业价值、社会价值三者的平衡，才可能给企业带来新的动能与生长力量。所以，优秀的企业家，都是平衡各方面力量与资源的大家。

　　什么是平衡？概念上是两个或两个以上的力作用于一个物体上，各个力互相抵消，使物体成相对的静止状态。泛化一点理解是指事物处在量变阶段所显现的面貌，是绝对的、永恒的运动中所表现的暂时的、相对的静止。

　　生态需要平衡，风调雨顺，自然万物和谐共生。

　　社会需要平衡，各司其职，人人幸福美满。

　　营养需要平衡，气质佳，身体健康。

　　劳逸得到平衡，精神饱满，精力充沛。

　　心理得到平衡，舒坦愉快，积极向上。

　　无论是大自然，还是社会与人自身，平衡都是不可或缺的存在。

　　月满则亏，水满则溢，有得必有失，这些对立因子存在着此消彼长的关系，但它们又在同一个系统中共存，在往复循环中会逐渐达到动态的平衡。一旦旧的平衡被打破，新的平衡必然会形成，这只是时间问题，只不过新的平衡未必如你所愿。平衡不只存在于单个人身上，而是存在于整个社会、自然，甚至延伸到无边无际的宇宙之中。

　　优秀的领导者，永远是那些能够摒弃非此即彼的思维方式的思想

家。他们不仅能够在矛盾中看到对立，而且能够在对立中看到统一，还能够恰到好处地、有机地协调和处理它们相互之间的冲突和矛盾，服务于共同的目标。这才是真正的领导者和领导力的表现。

企业管理的"灰度问题"，不是尖锐的黑白问题，没有输赢，没有对错。管理的本质就是平衡，管理之道就是平衡之术。在企业管理过程中，永远都存在着各种冲突与矛盾，但要允许企业在冲突与制衡中前进，即在相对的动态平衡中去发展，追求的不是单纯的平衡和稳定，更不是一劳永逸的平静。

有句老话："摆平就是水平。"灰度管理，一般要讲究一些原则，"不与下级争利，不与上级争功"，"扬善于公庭，规过于私室"。这些原则充满了管理智慧，也是有效的平衡术。

企业中的"矛盾"就是"利"的汇集，好的名声、高的奖励、轻松的工作等。趋利是人之本性，无可厚非。把"利"摆平，就能平衡好各方面的关系。如何摆平？需要灰度思维。

企业战略是每天必须考虑的事。比如，这个事业部是增员还是减员？那个项目是继续投入资金还是暂缓？一个不断亏钱的部门发不发奖金？企业战略目标就是通过这些日常决策体现出来的，企业的未来也就由这些经常性的平衡所决定。

前面提到的"扬善于公庭，规过于私室"，出自《曾国藩家书》，颇具"灰度管理"理念。

员工犯的错误要不要讲？肯定要讲。但要看错误的程度，原则性问题是不能放过的，哪怕是公开场合，也得批评指正。至于小打小闹，可以私下交流，该打板子还是要打，不可懈怠；一次不行，再来一次，直到改掉缺点与不足。

我们为何需要灰度管理？就是让不同的力量拥有各自的空间，要在不同力量的胶着之间取得平衡，但不是要消除这些力量，更不能以灰度为借口打压对方。

一个企业团队，有激进者，有保守者，有偏执者，有圆融者……各有性格，各显特长。灰度管理，首先要承认人与人之间的差异，然后在认同差异的基础上，寻求推动大家前行的共同力量。这就需要一定程度的妥协。

不过，灰度管理是一门动态平衡的艺术，但并不是混沌与无序。比学会妥协更重要的是，要知道什么不能妥协。

任正非说："方向是不可以妥协的，原则也是不可以妥协的。"若是没有方向而不断转向，没有原则而持续退让，在屈从于现实的过程中迷失自我，我们将无法走出混沌的泥潭，更将无法从灰色中进化出一个色彩斑斓的世界。

当然，灰度管理对于企业管理者的要求还是苛刻的：需要他们运

用自己的道德感召、跨界思维、竞合意识、开放包容等领导品质，对企业发展的方向做出准确的判断；处理事务做好分寸的拿捏，同时在火候的控制、时机的把握、节奏的掌控等方面要契合企业的发展实际。

为了企业发展的理想或信念，在现实中适度妥协，避免过激的冲突影响目标的达成，这就是灰度管理的精髓。这些不能妥协的理想和信念，才是支撑我们敢于妥协的力量。

为人处世的精髓在于对尺度的把握。灰度管理，就是要把握好这个尺度，在是非黑白之间寻求平衡。

实际上，人与人、组织与组织之间的矛盾和冲突，有时候很难讲谁对谁错，双方都需要发展。从组织发展的角度看，如何处理好这些矛盾和冲突，是领导者的一项重要素质与能力，也是卓越领导力的一项重要表现。如果我们只强调一方，只重视一面，而轻视另外一方，损害另外一面，那就会像跷跷板一样，一方翘起来以后，另一方就会倒下去，让自己处于一种顾此失彼的非平衡状态。

中国人讲究彼此各让一步，夫妻之间、兄弟之间、同事之间、同学之间，即便你有理，即便你是对的，即便你有功，你依然不能得理不饶人，也要时刻检讨自己还有哪些不足之处，看看自己该如何进步，甚至要让对方能和你一起进步，这才是大格局。

任正非说："任何黑的、白的观点都是容易鼓动人心的，而我们恰恰不需要黑的或白的，我们需要的是灰色的观点。介于黑与白之间的灰度，是十分难掌握的，这就是领导与导师的水平。"

参考文献

[1][美]菲利普·科特勒，约翰·卡斯林著. 李健译.混沌时代的管理和营销[M].北京：华夏出版社，2009.

[2]孙力科.任正非传[M].杭州：浙江人民出版社，2017.

[3][美]小约瑟夫·巴达拉克著. 唐伟，张鑫译.灰度决策：如何处理复杂、棘手、高风险的难题[M].北京：机械工业出版社，2017.

[4]郭楚凡，黄艳平.华为目标管理法[M].北京：电子工业出版社，2018.

[5]吴春波.华为没有秘密2：华为如何用常识塑造[M].北京：中信出版社，2018.

[6]黄文锋.企业家精神——商业与社会变革的核能[M].北京：中国人民大学出版社，2018.

[7]冉涛.华为灰度管理法[M].北京：中信出版社，2019.

[8]吴建国.华为团队工作法[M].北京：中信出版社，2019.

[9]王育琨.任正非找北[M].上海：东方出版中心，2020.

[10]林雪萍.灰度创新：无边界制造[M].北京：电子工业出版社，2020.

[11]吴春波.华为没有秘密3：华为如何打造高成长活力型组织[M].北京：

中信出版社，2020.

[12][法] 伊夫·莫里欧，彼得· 托尔曼著. 李天骄译.黑白决策[M].北京：

民主与建设出版社， 2021.